辽金元：金戈铁马

张逸尘 编著

河海大学出版社
HOHAI UNIVERSITY PRESS
·南京·

图书在版编目（CIP）数据

辽金元：金戈铁马 / 张逸尘编著． -- 南京：河海大学出版社，2021.1
　ISBN 978-7-5630-6522-6

Ⅰ．①辽… Ⅱ．①张… Ⅲ．①少数民族－民族历史－北方地区－辽宋金元时代－通俗读物 Ⅳ．①K28-49

中国版本图书馆CIP数据核字（2020）第199076号

书　　名 / 辽金元：金戈铁马
　　　　　 LIAO JIN YUAN: JINGETIEMA
书　　号 / ISBN 978-7-5630-6522-6
责任编辑 / 毛积孝
特约校对 / 黎　红
装帧设计 / 刘昌凤
出版发行 / 河海大学出版社
地　　址 / 南京市西康路1号（邮编：210098）
电　　话 /（025）83737852（总编室）
　　　　　/（025）83722833（营销部）
经　　销 / 全国新华书店
印　　刷 / 三河市双峰印刷装订有限公司
开　　本 / 660毫米×960毫米　1/16
印　　张 / 14.5
字　　数 / 205千字
版　　次 / 2021年1月第1版
印　　次 / 2021年1月第1次印刷
定　　价 / 69.80元

总 论

《三国演义》开篇曰:"天下大势,分久必合,合久必分。"纵观中华历史上下五千年,这样的王朝分合也不在少数。中华文明能有今天的繁荣,也离不开历史上民族的交融和交流。就民族交融的历史而言,中国历史上有一个非常重要的关键时期,在这个时期有三个少数民族:契丹族、女真族、蒙古族,以及它们先后建立的辽朝、金朝和元朝,入主中原,故而又称辽金元时期。

这三个塞北王朝与中原王朝相比,既遵循王朝兴旺衰亡的历史变迁规律,又带有各自的民族特色。由于辽、金、元这三个王朝,以往的学者对其介绍甚少,因此本书的编著显得意义重大。本书采用通俗易懂的故事形式对辽、金、元这三个王朝的历史脉络进行系统介绍。

契丹族本是中国北方一个古老的民族,其后继续发展,逐渐由一开始的游牧民族八部落联盟演变为之后耶律阿保机建立的契丹辽王朝(916),鼎盛时期甚至形成了与宋朝相对峙的政权。1125年,女真人灭了辽朝。到了明朝,契丹族这个民族销声匿迹了。

金庸曾在小说《天龙八部》中,将主角乔峰塑造成一名自以为是汉人的契丹人。契丹族这个在历史上曾经扮演过重要历史角色的民族重新进入了大众的视野。根据史料记载,契丹族从出现到民族消亡,在历史上大约活跃了一千余年。而契丹族所建立的辽王朝则统治了中国北方地区两百余年。辽朝创造了举世瞩目的政治制度和民族文化,对整个中华历史的发展进程都起到了重要的影响。本书辽朝部分的编写就是基于以上历史背景,收录了辽朝正史中精彩的历史片段，编撰成一个个趣味历史故事，比如：耶律阿保机建国称帝、辽朝萧太后执政、辽朝与宋朝签订的"澶渊之盟"等等，这些故事不仅保证还原历史的真实性，还增加了历史的通读性。

辽朝末期统治者治国无道，1114年，女真族首领完颜阿骨打率兵反辽。骁勇善战的女真族不仅灭了辽朝，而且紧接着灭了北宋，并进一步讨伐南渡的宋王朝统治者。这个由北方游牧民族所建立的金朝，在攻打宋朝的过程中，与中原汉地交往甚密，使得王朝内部一直存在维持女真旧俗与倾心汉化的两大势力之间的对抗。比如有"北国小尧舜"之称的金世宗的治国有方，推崇女真旧俗；金章宗善于诗词绘画，练得一手"瘦金体"好字等等，这些无不反映着金朝灭亡北宋后所创建的政治、文化与中原汉地之间的交流与融合。

金朝历史从1115年金太宗完颜阿骨打称帝到1234年末帝完颜承麟被杀，国祚总共绵延了一百一十九年。再后来蒙古族又灭亡了金朝，经过成吉思汗、忽必烈等人的东征西伐，蒙古族建立了著名的元朝帝国，疆域横跨欧亚大陆。在这个辽阔的疆域中，各个民族之间的交融更加紧密，整个世界范围内，东西方之间的交流和沟通也更加频繁。然而在这繁荣的背后，元朝的统治又显得十分脆弱，国祚仅仅百余年。比如元英宗的"南坡之变"，权臣燕帖木儿、伯颜等人的擅权等等事件都可以让我们更深入地感受到元朝的兴衰。

中国历史悠久，尽管汉文化一直居于主体性的地位，但作为一个多民族的国家，我们需要更进一步地去了解我们这个国家形成的诸多过程。辽、金、元三朝作为中国历史中少数民族执政的王朝，是历史中不可忽视的一部分。因此，本书所编写的辽、金、元三朝历史故事不仅还原了历史的精彩性，更对于历史的进一步挖掘具有重大意义。

目录

辽朝：镔铁帝国

- 白马青牛的传说 … 003
- 契丹古八部的统治 … 005
- 大贺氏联盟的形成 … 007
- 李尽忠反唐 … 009
- 遥辇氏联盟 … 011
- 耶律阿保机称汗 … 013
- 诸弟之乱 … 015
- 盐池之会 … 017
- 耶律阿保机建国称帝 … 019
- 韩延徽走而复返 … 021
- 断腕太后 … 023
- 「小山压大山」 … 025
- 石敬瑭割让燕云十六州 … 027
- 耶律德光南下 … 029
- 耶律阮与述律太后的争权 … 031
- 横渡之约 … 033
- 火神淀之乱 … 036
- 残暴睡王 … 038
- 景宗中兴 … 040
- 承天太后摄政 … 042
- 汉人韩德让 … 044
- 辽宋之争 … 046

目录

澶渊之盟	048
圣宗之治	050
渤海大延琳起义	052
萧耨斤篡权	054
重元之乱	056
奸臣耶律乙辛	058
才女皇后萧观音之死	060
昭怀太子耶律浚之死	062
辽道宗锄奸	064
天祚帝东征	066
耶律章奴欲立新帝	068
高永昌兵据东京	070
天祚帝被俘	072
耶律大石	074
耶律大石西行	076
西域建国	078
血战卡特万	080
西辽感天太后	082
西辽承天皇后平乱	084
花剌子模反抗西辽	086
屈出律谋权篡位	088

2

目录

金朝：白山黑水间崛起的王朝

「生熟」女真	093
女真始祖函普解怨	095
女真完颜部的崛起	097
拒舞头鱼宴	099
涞流水誓师	101
宁江州大捷	103
出河店之战	105
阿骨打建国	107
勃极烈制和猛安谋克制的建立	109
达鲁古城之战	111
进兵黄龙府	113
海上之盟	115
张觉降宋	117
金太宗灭北宋	119
金熙宗改革	121
完颜亮弑君篡位	123
海陵王迁都	125
海陵王伐南宋	127
东京政变	129
隆兴和议	131

目录

「北国小尧舜」金世宗 … 133
金章宗的「瘦金体」 … 135
元妃李师儿干政 … 137
胡沙虎叛乱 … 139
金宣宗南迁 … 141
完颜陈和尚与他的忠孝军 … 143
三峰山之战 … 145
金哀宗自缢 … 147

元朝：来自草原的霸主

蒙古人的起源：苍狼与白鹿的传说 … 151
少年铁木真 … 153
十三翼之战 … 155
班朱尼河之盟 … 157
铁木真称汗 … 159
成吉思汗西征花剌子模 … 161
成吉思汗六征西夏 … 163
丘处机给成吉思汗讲道 … 165

目录

窝阔台即位	167
「治天下匠」耶律楚材	169
拔都西征	171
贵由到蒙哥的汗位转移	173
旭烈兀西征	175
忽必烈与阿里不哥的汗位之争	177
李璮之乱	179
攻克襄樊	181
南宋最后的挣扎	183
元军东侵日本	185
敛财大臣阿合马之死	187
成宗的守成政治	189
海都之乱	191
八百媳妇国之战	193
武宗海山的夺权之路	195
元仁宗中兴	197
英宗新政与南坡之变	199
元文宗与元明宗的帝位争斗	201
元顺帝与燕铁木儿	203
权臣伯颜的倒台	205
脱脱冤案	207
红巾军起义	209

目录

元顺帝北逃 211

北元的建立与灭亡 213

辽金元大事纪年表 214

辽朝：镔铁帝国

白马青牛的传说

"契丹"在契丹语中是"镔铁"的意思,即坚硬的铁。契丹族以这样的称谓命名自己的民族,体现了自己民族的刚强、不屈不挠。《辽史·地理志》中曾这样描述契丹的疆土:"东至于海,西至金山,暨于流沙,北至胪朐河,南至白沟。"这足以体现契丹国当时的边疆辽阔。

关于契丹族的起源,有一个非常美丽的传说。在中国东北有两条河流:一条河叫土河(今老哈河)。另一条河叫潢水(今西拉沐沦河)。在这两条河流的交汇处,就是契丹族诞生的地方。

根据《契丹国志》记载,契丹人的祖先是天上的仙人,一位骑白马的仙人从马盂山(今河北省平泉县境内)沿着土河一路而来。而有一位仙女忍受不了天宫的寂寞,骑着青牛由平地松林(今内蒙古自治区克什克腾旗一带)沿着潢水而来。正好在潢水以及土河的交汇处木叶山,两人相遇,一见钟情。这两位神仙结成夫妻,后来生了八个儿子。这八个儿子各自繁衍,形成了契丹早期的八个部落。

契丹人建国之后,辽太祖耶律阿保机在两河交汇处的木叶山给白马仙人和青牛仙女建立了始祖庙。他们称白马仙人为奇首可汗,即契丹人的第一位可汗。称青牛仙女为可敦,即契丹语中"皇后"的意思。据说始祖庙有南北之分,奇首可汗在南庙,可敦在北庙。契丹人并列祭祀奇首可汗与可敦,香火不断,尤其是契丹人出兵打仗的时候,必然要用白马青牛来祭祀自己的祖先。

而在中国古代社会,对于经济的繁荣与社会安定,我们一般都形容其"五谷丰登，六畜兴旺"。但是马用来打仗，牛作为农耕工具，所以人们对于马、牛异常珍惜。契丹民族以马和牛作为祭祀物品，可见契丹民族对祖先的尊重。

契丹古八部的统治

传说契丹族的奇首可汗和可敦一共生了八个儿子，后来八个儿子各自繁衍生息，形成了八个部落。依据八个部落最初居住的地名或者山川湖泊名，它们分别为悉万丹部、何大何部、伏弗郁部、羽陵部、日连部、匹絜部、黎部、吐六于部。因为这些部落是史书上所记载的最早的八个部落，所以这些部落被称为契丹古八部。

契丹古八部是由最初的八个父系氏族繁衍发展而来的，彼此之间存在着血缘关系。但是，当时各部落独立活动，部落之间没有共同的领袖。

古八部时期的契丹与中原地区有着密切的联系。契丹部落居住在草肥水清的地方，他们向中原地区献上名马和兽皮，从而换取部落中的其他生活必需品。北魏登国三年（388），北魏道武帝拓跋珪对契丹发起战争，契丹大败。太延三年（437），契丹开始向北魏朝廷进行朝贡。有一次，契丹派遣莫弗纥何辰前往北魏朝廷朝贡，受到北魏皇帝的热情款待。何辰被北魏朝廷的隆重场面所震撼。回到契丹之后，何辰向各部讲述了自己在北魏的所见所闻，各部落羡慕不已。因此，契丹各部争先恐后向北魏朝贡。为了方便契丹与北魏之间经济的交流，北魏在边境地区和龙（今辽宁朝阳）、密云（今北京密云）之间设立榷场。契丹以名马、毛皮这些畜牧产品前往榷场与北魏的中原人民进行贸易。

契丹各部落这种独立分散的活动方式持续了将近两百多年，直至隋朝末年，契丹各部落这种分散的状况才有所改变。

随着畜牧业的发展以及部落的繁衍，契丹人对外扩张的要求日益强烈。与此同时，周围强大的邻国也不断侵袭契丹各部。在这种情况下，契丹各部落为了更好地抵御外族入侵，也为了氏族部落的内部发展需求，各部落逐渐结束了分散的活动状态，开始走向了联合。

　　每当遇到战争状态，各个部落临时结成联盟，推选出一名酋长作为契丹领袖，指挥部落对外作战。当战争结束之后，这种联盟状态解散，契丹各部落回到分散的生活状态。虽然契丹各部落为了生存，已经开始联盟，但这种联盟仍然具有松散性和暂时性的特点。

大贺氏联盟的形成

契丹古八部时期出现的联盟并没有持续多长时间，因为内部与外部的条件需求，促成了更为长久的部落联盟。

隋唐时期，契丹先后出现了统领部落联盟的三大力量，分别为大贺氏、遥辇氏以及迭剌氏。历届部落的首领从契丹八部中选举产生，每三年为一任期。

面对突厥汗国和隋朝这两个强大的邻国，契丹曾臣服于突厥汗国。这段时间里，突厥可汗派遣官员管理契丹，掌握着契丹各部落的领导权，这就限制了契丹部落的发展。唐朝兴起后，契丹看到唐朝经济的发展与社会的稳定，因此于唐太宗贞观二年（628）背弃突厥，转而归附唐朝。

契丹选择归附唐朝，极大地损害了突厥可汗的利益。突厥使臣以交回隋朝叛将梁师都为条件换取契丹的归附，却遭到唐太宗的拒绝。这场唐朝与突厥之间的关于控制契丹的利益争执，使唐朝加快了对契丹各部落的统一管理。唐贞观三年（629），契丹首领摩会再次向唐朝进行朝贡的时候，唐太宗把旗鼓赐给摩会。旗鼓代表着权力，而唐朝把旗鼓给契丹也代表着唐朝对契丹首领的承认。

大贺氏，意思是"部落之大者"。摩会便来自契丹大贺氏，于是唐太宗任命大贺氏部落的族人担任首领，别的部落没有资格担任部落联盟的首领。由于摩会以后的诸任契丹首领都来自大贺氏部落，所以这一时期的部落联盟称为大贺氏联盟。

但是契丹部落首领不是世袭的，采用三年一改选的机制。唐太宗贞观二十二年（648），唐朝为了进一步加强对契丹的管理，在契丹设立松漠都督府，由契丹首领窟哥担任都督。与此同时，唐朝以和亲的方式与部落结成"甥舅"之国，并且赐其首领以国姓——"李"。

在唐朝的册封和支持之下，大贺氏控制之下的契丹部落得到进一步的巩固，同时也进一步增强了契丹部落之间的融合。

李尽忠反唐

契丹首领虽然作为松漠都督府的都督，管理契丹部落。但唐朝为了更加有效地管理投降的草原部落，在松漠都督府之上设立了一个上级机构，叫营州都督府。由于营州都督府中的长官都是中原人士，风俗语言不同，彼此难免产生误会。而在当时，误会的解决方式就是战争。

契丹首领窟哥战死沙场之后，大贺阿卜固接任了首领的位置。这位首领很快就反叛了唐朝，发动暴乱，后来由唐朝大将薛仁贵镇压了契丹的叛乱，大贺阿卜固也战死沙场。因此，李尽忠接替了松漠都督府的位置。

一开始，李尽忠与唐朝保持了良好的关系。直到万岁通天元年（696），武则天取代李唐王朝，改国号为周。契丹认为一直以来与李唐王朝相交甚好。如今武则天所夺取的天下名不正言不顺，营州都督府的官员赵文翙又骄横跋扈，对松漠都督府以及契丹首领更是不放在眼里。

加上那年契丹遭遇了严重的饥荒，身为都督府汉人官员的赵文翙并没有重视这次饥荒。在这种情况下，契丹部民怨声载道，这为李尽忠与他的妻兄孙万荣起兵谋反提供了群众基础。

武则天万岁通天元年（696）五月，李尽忠和孙万荣联合起兵，杀了营州都督赵文翙，攻进营州都督府，开始哄抢粮食。李尽忠自称"无上可汗"，并以孙万荣为前锋，招兵买马，发展自身的力量。消息很快就传到了洛阳，武则天想趁机树立自身的威严，派遣张玄遇、李多祚等多名大将前往营州镇压叛乱。

李尽忠熟悉草原的地理环境，因此他与唐军的决战地点选在了险峻的西硖石黄麞谷（今河北卢龙附近）。

面对这次契丹突发性暴乱，营州官员还没反应过来就被李尽忠关进了监狱。李尽忠和孙万荣早有计谋，故意派人传出唐军快到的消息，监狱所长中计，将营州官员放走了。这批官员在逃跑的过程中遇到了主力大军，大军得知契丹人粮食缺乏、人心涣散，因此大军快马加鞭，赶到黄麞谷，打算与契丹人速战速决。结果由于唐军准备不足，遭到李尽忠的埋伏，唐军死伤无数，大败而归。

武则天听到战败的消息之后大怒，下令把李尽忠改名李尽灭，孙万荣改名孙万斩，多次派兵围剿。万岁通天元年（696）十月，李尽忠病死，孙万荣接替他的位子，继续反唐。面对强势的唐军，孙万荣沉着指挥，并巧用谋略，多次击败唐军。之后，奚族贵族与唐朝联合围剿孙万荣。孙万荣与奚族骑兵作战，契丹军也损失惨重。最后孙万荣走投无路，不得不与其家奴骑马逃走。谁知，在逃跑的过程中，家奴趁孙万荣睡觉之际，将其杀死。

李尽忠的反唐行动以失败告终，但是武则天多次派兵镇压，甚至借助奚族人的力量才将这场叛乱平息，国力也遭到了一定影响。

遥辇氏联盟

由于李尽忠与孙万荣反唐的失败，加上契丹连年战乱频繁，使得契丹大贺氏部落联盟也随之衰落。

在这期间，由于打仗的需要，军事能力强且能够帮助契丹争夺生存空间的人，就会得到契丹部落的尊重。久而久之，契丹联盟中出现一个拥有兵权的职务——夷离堇，在契丹的地位仅次于部落联盟首领。李尽忠反唐失败后，孙万荣担任夷离堇。后来契丹弃唐依附回纥汗国之后，夷离堇由可突于担任。由于可突于拥有实权，导致部落联盟的选举形同虚设，他一度罢免多名部落联盟长。唐开元十八年（730），可突于杀死大贺氏最后一个联盟长邵固，从此结束了大贺氏部落联盟。

与此同时，可突于为了巩固自身在契丹的实权地位，必须在契丹选择一个以往没有资格担任联盟长的部落成为他的傀儡。由此，可突于将契丹部落联盟选举权转让给遥辇氏，出任新联盟首领，称为洼可汗。

与此同时，没有参与李尽忠反唐的乙室活部落与唐朝联合，唐开元二十二年（734），乙室活部落长李过折与唐军斩杀可突于。一年后，李过折又被可突于余党涅里所杀。涅里推选遥辇氏迪辇俎里为联盟长，称为阻午可汗。

从唐太宗开始，他非常重视契丹的管理，因此唐朝赐给契丹部落联盟长一套仪仗。仪仗有十二面旗鼓，曲柄华盖，华丽精美，如同中原天子的仪仗，拥有旗鼓的人就是契丹的首领。并且还要进行新的部落联盟长的登基礼仪，即所谓的"燔柴礼"。每一位契丹新联盟长登基，都必须举行"燔柴礼"。契丹部落族民面向东方，点燃柴捆，火光熊熊。举行完"燔柴礼"之后，由部落的长老牵着新首领的马头，以这样的形式承认其为新首领。

从阻午可汗开始，契丹部落联盟长通过"燔柴礼"的形式得到各个部落的认可，契丹制度得到进一步完善。"燔柴礼"礼仪制度的确立，也摆脱了契丹旧制的限制，只要举行了"燔柴礼"的仪式，便是合法的契丹首领。这样就产生了这样的结果，即一旦有遥辇氏以外的家族，如果他得到了大家的拥戴，拿到唐朝皇帝赐予的旗鼓，自行举行"燔柴礼"，那么他就是契丹所承认的首领。

由此，契丹由部落联盟缓慢地向国家这种形式过渡。

耶律阿保机称汗

　　传说耶律阿保机生来是一个神人：他的母亲是梦见了太阳，怀孕生下了他。契丹人一直以来都有东向拜日的传统，所以耶律阿保机被认为是契丹的太阳神。而且耶律阿保机从小天赋异秉，族人对他之后肩负契丹部落大任给予期望。然而，耶律阿保机的这些奇能也遭到一些族人的妒忌，欲除之而后快。因此耶律阿保机出生之后一直被祖母放在帐幕，闭门不出，祖母甚至扬言"没有生过这个孩子"。直到耶律阿保机长大成人，祖母才将其公开示众。

　　成年的耶律阿保机身强力壮，精于骑射，他的伯父释鲁非常看重他。释鲁担任契丹的于越，于越是一个在夷离堇之上、可汗之下的官位。耶律阿保机后来巧取契丹北部的室韦，不费一兵一刃，大获全胜。这次战争使得释鲁更加器重他，耶律阿保机由此名声大振。

　　但是释鲁的儿子心生妒恨，为了让自己早日当上于越，篡权夺位，他杀死了自己的亲生父亲。这一突发事件在契丹内部引起轩然大波。耶律阿保机率军平定这次叛乱，虽活捉了释鲁的儿子，但最终耶律阿保机决定宽恕他，但对他严加看管。耶律阿保机平定这场风波之后，得到了更多契丹人的尊重。后来经过契丹部落的一致推举，耶律阿保机担任了契丹的夷离堇，掌握了契丹的兵权。之后耶律阿保机担任于越兼夷离堇，至此，耶律阿保机拥有了契丹至高无上的权力地位。

　　这时候李唐王朝衰落，中原割据。很多中原人不堪战乱，纷纷逃到长城以外的契丹地区。耶律阿保机接纳了这些中原人，与此同时，这些中原人将晒盐、纺织、冶铁等技能教授给契丹人，这给草原民族的进一步发展提供了良好的机会。

耶律阿保机部落的快速发展，进一步加剧了耶律阿保机与契丹其他贵族之间的矛盾。面对内忧外患的局面，耶律阿保机的堂弟耶律曷鲁进言："遥辇氏部落的可汗无力承担契丹发展大任，而耶律阿保机顺天应人，能力出众，能够更好地管理好契丹部落的发展。"于是，907年，耶律阿保机在众人的推戴下被选举为可汗，取代了遥辇氏。

耶律阿保机进而给中原王朝的后梁进表，他希望能够得到后梁的册封，赐予旗鼓。借此机会，后梁王朝提出了众多苛刻条件，比如：耶律阿保机要对后梁俯首称臣，契丹要帮助后梁灭掉后唐李克用，契丹还要为后梁提供大量战马等等。面对此等苛刻条件，耶律阿保机转而联系后唐李克用，双方达成协议，共同消灭后梁王朝，由后唐李克用赐予耶律阿保机旗鼓。在当时中原割据战乱的情况下，耶律阿保机从容地来回于各个政权之间，以寻求自己的最佳利益。

诸弟之乱

耶律阿保机当上契丹可汗之后，并没有依照旧俗进行三年一改选，连任多年，丝毫没有让位的意思。这样的行为让耶律氏其他有资格当选可汗的人十分不满，特别是耶律阿保机的亲弟弟们——剌葛、迭剌、寅底石、安端等人。他们开始联合起来，企图推倒耶律阿保机，史称"诸弟之乱"。

在耶律阿保机当可汗的第五年，即911年，剌葛联合迭剌、寅底石、安端等人发动第一次叛乱。但是安端的妻子粘睦姑害怕祸及己身，向耶律阿保机告密。耶律阿保机立刻做出了应变准备，平息了这场叛乱。之后，耶律阿保机与剌葛众弟兄登山发誓，祭告天地，赦免了弟弟们的罪责。

第二年，除了剌葛、迭剌、寅底石和安端外，耶律阿保机的叔父、于越辖底以及新任惕隐滑哥也参与到第二次的叛乱之中。叛乱发生的时候，耶律阿保机在外领兵攻打西南诸部，命令剌葛攻打平洲（今河北卢龙）。正当耶律阿保机率军归来时，剌葛、迭剌、寅底石和安端企图在半路截击，耶律阿保机得知四兄弟率兵阻道，并没有与他们发生正面冲突，反而带兵南移，来到了十七泺。

随后，耶律阿保机当机立断，当天便举行了"燔柴礼"，正式宣布继任可汗。耶律阿保机这一先发制人的措施取得了政治上的优势，他不但巩固了自身的权力地位，而且他可以声称正义之师，来征讨叛乱大军。剌葛等人得知耶律阿保机继任可汗的消息之后，迫于形势压力，纷纷前来谢罪，表示臣服。耶律阿保机让他们悔过自新，再一次宽容了他们。

刺葛等人吸取了前两次反叛的经验教训之后，又谋划了一场更为缜密的叛乱，乙室部落的贵族也加入了这场叛乱，此时叛军的兵力空前强大。913年，趁耶律阿保机出征芦水之际，以刺葛为首的叛军兵分三路，打算一举消灭耶律阿保机，夺取可汗之位。

迭刺、安端带领千余骑兵，谎称向耶律阿保机汇报情况，伺机杀死耶律阿保机。刺葛则率领大军前往乙室部落堇淀，抢夺旗鼓。预备一旦旗鼓齐备，立即举办"燔柴礼"，自立为汗。耶律阿保机及时识破了他们的阴谋，逮捕了迭刺和安端，并且率领大军缉拿刺葛。而在这个时候，寅底石率领下的叛军直驱可汗行官，耶律阿保机妻子述律氏马上调集兵马，驻守行官，直至耶律阿保机赶到，将叛军一举击溃。

这一次平息叛乱之后，耶律阿保机对众弟兄仍然从轻处置，但是处死了四兄弟手下的士兵。经过这三次的叛乱战争，契丹损失惨重，社会生活以及经济发展受到了严重的影响。

盐池之会

耶律阿保机平定"诸弟之乱"的内部叛乱之后，整个部落在耶律阿保机的带领下，逐渐强大起来。但是契丹其他七个部落看到耶律阿保机部落的日益壮大，害怕被吞并。因此，七个部落一起联手，向耶律阿保机发起了进攻。

由于契丹其他七个部落联合起来的势力比较强大，耶律阿保机采取以退为进的策略，被迫交出了作为可汗象征的旗鼓。当时耶律阿保机当可汗九年，接纳了许多逃离战乱的中原人，他们不宜骑马远足。所以，耶律阿保机提出带领这些中原人离开草原，在古汉城与这些人居住。七部的契丹人欣然答应了这个要求。

古汉城所处之地，土地肥沃，适合种植粮食，并且有丰富的盐铁资源。耶律阿保机利用得天独厚的自然资源加上他善于管理和统治中原人，休养生息，很快阿保机部落的势力又强大起来了。

于是，耶律阿保机觉得时机成熟，便转守为攻。述律氏向耶律阿保机提供了一个斩草除根的谋略。耶律阿保机让人通知契丹各部落，古汉城的盐池供各部落食用，但是部落们的首领只知道有盐，却不知道盐的主人，觉得应该犒劳一下提供食盐资源的主人。契丹各部落首领们接到通知后，丝毫没有怀疑，并且他们认为耶律阿保机说的有道理，就答应了这个要求。到了约定的时间，耶律阿保机在炭山（今河北独石口外西北滦河上游）东南盐池举行了一场"契丹"式鸿门宴。契丹七部的首领丝毫没有察觉其中真意，反而带着牛羊和美酒，纷纷前来赴宴。

在盐池宴会上，耶律阿保机隆重招待了七个部落的首领们。大家一起饮酒作乐，推杯换盏。酒酣之际，耶律阿保机一声令下，盐池四周的伏兵四起，一举将七个部落首领全部歼灭。

在这次的盐池宴会中，耶律阿保机的手段毒辣，对契丹其余七个部落毫不留情。至此，耶律阿保机彻底打击了契丹其余七个部落的势力，统一了契丹八个部落，也借此稳定了他的政治统治地位。

耶律阿保机建国称帝

在可汗再次改选之际,有一位名叫韩延徽的中原谋士建议耶律阿保机仿效中原政治制度,趁着中原内乱,及时称帝。因为在中原,皇帝作为国家最高的政治领导人不是选举产生的,而是世袭自立。而耶律阿保机想要一直担任契丹最高首领,那么只需将"可汗"的称号改为"皇帝",这样无需进行三年一改选,耶律阿保机就可以名正言顺地长期统领契丹了。

耶律阿保机采纳了韩延徽的建议。916年,他废除契丹部落联盟的旧制度,正式建国称帝。群臣及诸属国上尊号曰"大圣大明天皇帝",其妻述律氏称为"应天大明地皇后"。因此,耶律阿保机被称为辽太祖,开始了历史上的契丹国家的统治。

耶律阿保机建国称帝的行为成为了契丹逐渐汉化的开始。他听说中原皇帝登基之后,需要定年号,因此他问群臣应该定什么年号。汉人康默记、韩知古上奏说道:"我们作为汉人,参加了这么隆重的'燔柴礼',依我们之见,就定'神册',昭示陛下建国称帝是上天所赐。"耶律阿保机欣然接受这个年号,这一年被称为神册元年。

神册三年(918),耶律阿保机任命礼部尚书康默记为总管,负责建造辽朝皇都。契丹民族虽然一直过着游牧生活,但是在潢水沿岸,却有很长时间的驻息之地,因此在这片故地的基础之上,康默记进行扩建,建立了都城上京(今内蒙古昭乌达盟巴林左旗南波罗城),称为临潢府。据说上京临潢府是北方草原民族建立的第一座都城,其遗址至今保存完整。

在政治制度方面，耶律阿保机结合中原法度和本民族的特色实行类似于"一国两制"的制度。在《辽史·百官志》中这样描述这种制度："以国制待契丹，以汉制待汉人"，实行北面官和南面官。南面官沿袭汉法官职以及中原礼俗，统治汉人和渤海人。而北面官采用契丹旧法统治契丹人和草原民族。这样的一项政治制度不仅保障了当时契丹的社会稳定，并且这项制度为以后中国历史上其他少数民族的发展提供了一个借鉴作用。

在文化方面，他先后创制了两种文字。神册五年（920），耶律阿保机让他的从侄鲁不古和突吕不创制契丹大字。契丹大字参照汉字制成，但是由于书写、沟通烦琐，后来参照回纥文创造了流传广泛的契丹小字。契丹文字的创制不仅标志着契丹进入文明社会，而且也标志着契丹民族文化的诞生。

韩延徽走而复返

耶律阿保机能够快速地建立契丹国家，其中很重要的一个因素是善用人才，尤其重用汉人知识分子，韩延徽就是其中一位被耶律阿保机重用的汉人。

韩延徽，字藏明，唐幽州安次（今河北安次县）人。他曾经是幽州卢龙军节度使刘守光的部下。当时刘守光所管辖的地区相继被后晋攻陷，由于幽州与契丹为邻，于是刘守光派韩延徽前往契丹，请求他们派出援军。

韩延徽到了契丹之后，觐见耶律阿保机的时候，长揖而不跪。耶律阿保机怒其无礼，韩延徽反驳道："我拜天、拜地、拜祖宗、拜父母，其他人，我都不拜。"耶律阿保机一生气，就把韩延徽扣留下来放羊。皇后述律氏认为韩延徽守节不屈，有过人的胆识，是当今的贤人。这样的人才应该以礼相待，重用他，而不应该用放牧的方式去侮辱他。耶律阿保机认为述律氏说得有道理，于是重新召见韩延徽，让他为契丹出谋划策。

韩延徽在耶律阿保机建国初期，不仅为耶律阿保机安定汉人，稳定了政局，而且还为契丹草创了典章制度，可以说，为契丹国的建设立下了汗马功劳。耶律阿保机称韩延徽为"左膀右臂"，并且赐予韩延徽高官厚禄。但是韩延徽毕竟是汉人，在契丹久待，不免怀念家乡，思念亲人。

神册元年（916）韩延徽不告而别，返回中原探望母亲。之后，韩延徽重新投在刘守光麾下，没想到因为韩延徽才华横溢，遭到同僚王缄的嫉妒和排斥。于是，韩延徽再次离开刘守光。他路过真定（今河北正定县）时，与老朋友王德明叙旧。王德明寻问韩延徽未来的计划，韩延徽说打算重新回到契丹。老友认为韩延徽重回契丹的话，等于回去送死。韩延徽胸有成竹，他认为自己在辽朝的贡献非常大，这次不告而别，耶律阿保机肯定非常伤心，如同失去了左膀右臂。如果回契丹的话，耶律阿保机将会不计前嫌，继续重用他。

据说韩延徽逃跑之后，耶律阿保机茶饭不思。有一天晚上他梦见白鹤飞入帐幕之中，第二天耶律阿保机醒来，高兴地和群臣说韩延徽要回来了。果然不久之后，韩延徽回到了契丹。耶律阿保机听到韩延徽归来，喜出望外，询问之前逃跑的原因。韩延徽回答，他不养老母是不孝，他抛弃旧主是不忠。所以韩延徽待在契丹属于不忠不孝的行为。当他逃回家乡看望自己的母亲，心愿已了。韩延徽又时刻心念耶律阿保机，所以他又回到契丹。耶律阿保机听完非常高兴，给韩延徽起了一个名字，叫"匣列"，即契丹语中"复来"的意思。

之后，韩延徽在辽朝侍奉太祖、太宗和世宗三朝，成为三朝元老。

断腕太后

应天皇太后姓述律氏，名平，小字月理朵。传说述律氏年轻的时候，在潢水河边行走，看到一个骑青牛的女子，当女子看到述律氏之后，忽然避开道路，消失不见了。

在耶律阿保机驾崩之前，述律氏的确在众多事件中体现了她的深谋远虑，为耶律阿保机出谋划策，起到了谋士的作用。906年，述律氏建议耶律阿保机在盐池举办一场牛酒会，埋伏军队将契丹其余七部首领全部杀死，夺回象征可汗的旗鼓。契丹建国后，述律氏劝说耶律阿保机将前来求援兵的韩延徽释放，以礼相待，重用韩延徽。而事实证明，述律氏的这些建议都为耶律阿保机建国称帝的过程扫清了障碍，吸纳了人才，立下了汗马功劳。

而辽太祖两次南征失败，有一部分原因是没有听从述律氏的建议。在耶律阿保机出征渤海之前，淮南吴王送给太祖火油机，并说明了使用方法。火油机在攻城的时候起到事半功倍的作用，火油不能被水扑灭，反而越浇越旺盛，所以用这种火油焚烧城楼非常有效。

辽太祖听了之后非常高兴，准备用这种火油机攻打幽州。述律氏听了之后，认为仅仅为了试油就去攻打幽州，这个决定非常不妥。她指着帐幕外面的一棵大树问耶律阿保机："如果这棵树没有树皮，它还能活下来吗？"耶律阿保机说："不可以。"接着述律氏提出一个策略，幽州城城楼高耸就像这棵树一样，不可强攻。耶律阿保机可以派遣三千骑兵埋伏在城门周围，断掉幽州的粮草，那么早晚幽州城会被攻破。

述律氏为人果断，有雄才大略，为辽朝的建设和发展做出了很多贡献，但是她又善于权变，曾经做了一些违背情理的事情。辽太祖在出征的过程中去世，契丹新皇帝理应由皇太子耶律倍担任。但是耶律倍崇尚汉文化，代表汉化的礼法观念，这与述律氏为代表的旧时契丹传统文化观念相悖，因此述律氏想另立皇帝。

述律氏以儿子们年幼，无法料理国事为由，自己临朝称制，想等时机成熟的时候扶持新皇帝登基。这样的专权行为引起众多契丹功臣的不满。为了清除异己，述律氏将这些人拉到太祖墓前杀掉，名义上是让他们追随先帝而去。她用这样的办法杀害了上百人。最后汉人赵思温冒犯了述律氏太后，太后问赵思温想不想先帝。赵思温回答："论与先帝的亲近程度，没有谁比得了与先帝朝夕相处的太后。如果太后先去追随先帝，那么臣子随后就去。"太后一怔，说道："我不是不想追随先帝，而是考虑到我的三个皇子还年幼，国家不能没有皇帝，所以我暂时不能追随先帝。"随后述律太后拔出自己的剑，将自己的右臂砍断，放置在太祖墓中，表示随葬。

通过这一事件，辽朝上下都明白述律太后的野心。长子耶律倍也只好退步表态，大元帅耶律德光（次子）功劳卓越，理应立为新皇帝。这时候，述律氏仍然感到名不正言不顺。于是，她借助契丹传统的民主选汗形式，上演了一幕推选新帝的闹剧。

述律太后让太子耶律倍和次子耶律德光并马站在帐幕前，让群臣选择皇帝人选。群臣认为两人中谁有资格成为新皇帝，就去牵谁的马缰绳。群臣明白述律太后的心思，纷纷去牵耶律德光的马缰绳。就这样，耶律德光成为辽朝第二代皇帝。

述律太后的一生瑕瑜互见。在契丹建国之初，述律氏足智多谋，为辽朝的建设和发展做出了巨大贡献。尽管如此，她在玩弄权术、擅自干涉朝政这方面也有一定的过失。

"小山压大山"

耶律倍是耶律阿保机的长子，自幼聪明过人，性格温和而待人宽厚仁慈。神册元年（916），耶律倍被立为皇太子。耶律倍虽然是契丹人，但他积极接受和引进中原汉族先进文化。对于一个游牧民族的人而言，这是一件非常了不起的事情。

有一次，耶律阿保机问群臣祭祀的事宜，应该祭拜谁比较合适？群臣说："应该祭拜佛。"耶律阿保机说："佛不是中国的，这是印度传来的。"耶律倍说道："孔子是圣人，万世师表，应该祭拜他。"耶律阿保机对这一回答非常满意，便下令建立孔庙，让耶律倍春秋两季去祭拜孔子。

天显元年（926），耶律倍跟随耶律阿保机攻下了渤海国，取东部契丹之意，改为东丹国。为了防止渤海遗民的反抗，耶律阿保机加封耶律倍为契丹王，管理东丹军政事务。

而在皇权之争方面，由于述律氏不喜欢皇太子耶律倍，而扶持耶律德光当上皇帝。因此耶律倍再次回到东丹国。尽管如此，耶律德光仍对兄长存在猜疑，暗中派士兵监视耶律倍的一举一动。为了表明自己的忠心，耶律倍在西宫盖起了书楼，整天在书楼里看书。

后唐明宗李嗣源打听到耶律倍的遭遇，便派人持书跨海接纳耶律倍。耶律倍想到自身的处境，便想投奔他国以便彻底消解辽太宗的怀疑。

他在离开东丹国的时候，在海边立了一块木牌，上面刻了四句诗：

>   小山压大山，大山全无力。
>   羞见故乡人，从此投外国。

  辽太宗天显五年（930）十一月，耶律倍载书渡海来到后唐境内，后唐明宗派出天子仪卫去迎接他，并且将其改名李赞华。耶律倍虽然在异国他乡，时常派人回辽朝问候亲人以解思乡之情。

  但是后唐明宗死后，后唐出现政变，后唐明宗的养子李从珂称帝。石敬瑭以及赵德钧父子对李从珂的行为非常不满，起兵讨伐。在讨伐的过程中，李从珂见大势已去，打算自焚，让耶律倍和他一起死。耶律倍不从，李从珂派人将他暗杀。耶律倍被杀之时，年三十八岁。

石敬瑭割让燕云十六州

辽太宗耶律德光继位之后，辽朝的国力逐渐增强。然而，此时的中原形势混乱。后唐明宗李嗣源死后，统治阶级内部皇权斗争十分激烈。明宗亲生儿子李从厚继位，很快就被明宗的养子李从珂推翻政权。

由于闵宗李从珂夺权手段不正，加上他又是明宗的养子，所以面对手握兵权的明宗女婿石敬瑭，闵宗一直心存芥蒂，趁机将石敬瑭软禁，并加强对他的防范。后来由于曹太后的求情，闵宗放了石敬瑭，但是闵宗对石敬瑭仍然暗中监视和刺激。石敬瑭忍无可忍，终于在天显十一年（936）起兵叛乱。

这时，闵宗向握有兵权的幽州节度赵德钧、赵延寿父子求援。但是赵氏父子向后唐索要官爵，闵宗声称赵氏父子国难当头不作为，反而提出苛刻条件。因此，赵德钧父子也起了篡位的念头。

无论是石敬瑭还是赵德钧父子，都知道自身实力不够，需要找一个强大的靠山。因此他们纷纷向契丹国寻求帮助，想凭借辽朝的势力来实现自己统一中原的野心。

石敬瑭派遣赵莹作为使臣前往契丹，为了得到辽太宗的救援，他表示如果辽太宗帮助石敬瑭灭掉后唐，那么石敬瑭有三个答谢条件赠予辽太宗。这三个条件分别是：一、以父事契丹，石敬瑭将会对契丹俯首称臣；二、事成之后割让燕云十六州给契丹；三、每年输送绢帛三十万匹。

因为赵德钧是燕云节度使，可以说石敬瑭是借花献佛。之后，石敬瑭借契丹兵大败了后唐军队。在天显十一年（936）石敬瑭受耶律德光册封为晋王。两年后，石敬瑭正式将燕云十六州割让给契丹，即幽（今北京）、蓟（今河北蓟县）、瀛（今河北河间）、莫（今河北任丘）、涿（今河北涿县）、檀（今北京密云）、顺（今北京顺义）、新（今河北涿鹿）、妫（今河北怀来）、儒（今北京延庆）、武（今河北宣化）、云（今山西大同）、应（今山西应县）、寰（今河北蔚县）、瀛州（今河北省河间市）、鄚州（今河北省任丘市北）。

  燕云十六州北部多是崇山峻岭，南部以农业生产为主，加上这片地区自古就是兵家必争之地，一旦失去燕云十六州，北方将再无险可守。因此，石敬瑭将燕云十六州拱手割让给契丹，使整个中原暴露无遗。也正是燕云十六州的纳入，为契丹社会发展注入了新的活力，契丹的综合国力进一步增强。

耶律德光南下

耶律德光当上皇帝之后,朝政大事依然被述律太后所干涉,处处掣肘,这使得耶律德光的凌云壮志无法实现。这时候中原混战,他抓住各种机会,一次次地领兵南下。

耶律德光在位期间,大规模的带兵南下一共有两次:第一次是在天显十一年(936),耶律德光入援石敬瑭,灭后唐,占领了燕云十六州;第二次是在会同六年至会同十年(943—947)耶律德光灭后晋,占领后晋都城汴梁(今河南开封)。

石敬瑭借助契丹的兵力消灭后唐,实现了自己当皇帝的野心,对契丹俯首称臣。但是在会同五年(942),石敬瑭死后由他的侄子石重贵继位。石重贵对契丹称孙不称臣,并且多次以闹灾为由拒绝上交三十万绢帛。耶律德光大怒,并且在赵延寿的挑唆之下,决定发兵伐后晋。

会同七年(944),耶律德光在赵延寿的建议下,率领十万士兵攻打澶州(今河南濮阳),两军交战,死伤无数,耶律德光见后晋军强大,于是退军。同年冬,耶律德光命赵延寿为先锋,再次攻打后晋,后晋军队且战且退。之后,石重贵命北行营都招讨使杜重威率兵北进,后晋军英勇奋战,契丹士兵大败。

契丹军两次与后晋军交战,都以失败告终。述律太后主张立足于契丹草原地区,巩固和发展契丹的统治。中原地理环境不适宜契丹民族生存,并且治理困难,应该放弃南下。耶律德光不听述律太后的劝阻。在会同九年(946),

耶律德光经过一番休整，再次领兵南伐。这次的南伐，契丹大军节节胜利，杜重威率领三十万士兵投降，后晋灭亡。

会同十年（947），耶律德光用中原皇帝仪仗进入后晋都城汴梁，接受文武百官朝贺，正式改国号为"辽"，改年号为"大同"。

耶律德光进入汴梁之后，由于天气炎热，他适应不了中原生活，并且他放纵手下的士兵"打谷草"，烧杀抢夺，中原百姓深受其害。辽兵的野蛮掠夺行为遭到了中原百姓的反抗，这使得耶律德光的军队受到沉重的打击。对此，耶律德光给他弟弟耶律李胡的书信中，表明了自己的"三失三得"。所谓的"三失"即是：一、不应该放纵士兵抢夺百姓的粮食财产；二、不应该让士兵扰民；三、不应该抓了各地的节度使而不遣回地方管理当地事务。所谓的"三得"，耶律德光进而指出了只要做到推心置腹、和谐军情、抚慰百姓这三件事情，就可以统治中原了。

大同元年（947），辽太宗耶律德光病死在北返上京的途中，他没有实现统治中原的愿望。这时候正当炎炎夏日，为了将耶律德光的遗体运回草原，随行大臣将耶律德光的内脏掏空，用盐腌制保存，才运回北方。

耶律阮与述律太后的争权

辽太宗耶律德光病死在返北途中，由于事情突然，辽太宗没有立下皇位继承的遗诏。因此，辽朝内部又发生了一起争夺皇位的斗争。

辽太宗耶律德光去世之后，述律太后存有私心，想把皇位传给自己的小儿子——耶律李胡，这样述律太后还能垂帘听政。但是耶律李胡这个人生性残暴，能力低下。所以大臣们都不希望耶律李胡继承皇位，不希望这个新建的国家政权毁于一旦。因此，辽朝大臣们必须在辽太宗遗体送到上京之前，选出一个合适的皇位继承人。

在这个情况之下，群臣想到了永康王耶律阮。耶律阮是耶律倍的长子。当时耶律倍投奔后唐的时候，他的妻儿都留在东丹。而耶律德光夺取了耶律倍的皇位，他的内心一直对耶律倍有所亏欠，所以耶律德光悉心培养耶律倍的儿子耶律阮。耶律阮是个有勇有谋的人，并且他多次跟随耶律德光出征打仗。这次群臣护送太宗遗体返回上京，耶律阮正在军中。在这种条件之下，群臣决定立刻采取行动，在返程途中，让耶律阮面对太宗遗体指誓，继承皇位。

面对群臣的推戴，耶律阮诚惶诚恐，犹豫不决。于是，耶律阮的亲信对他说："当年太祖立您的父亲耶律倍为皇太子，如果皇位不是被太宗夺走，于情于理，此时继承皇位的人也应当是您。而现在是您继承皇位的最好时机。"耶律阮觉得这话说得有道理，决定接受推戴，在北返途中即位。

耶律阮继位的消息传到朝中，述律太后大怒，册封自己的爱子耶律李胡为"天下兵马大元帅"，前去讨伐耶律阮。结果耶律李胡是一个"扶不起的阿斗"，大败而归。

  述律太后一心想扶持爱子耶律李胡为帝，而耶律阮已经在途中即位称帝，并且正在返回上京的途中。述律太后与耶律阮两个人的冲突一触即发，这就必定迎来一场皇室内部的腥风血雨。

横渡之约

由于述律太后以及耶律李胡两人生性残暴、手段毒辣,因此两人在朝中不得人心,亲信军队力量薄弱。耶律阮被群臣拥戴称帝,人心所向。但是耶律倍深刻地明白,军中众多大臣的家属都滞留在上京,述律太后将那些家属扣押为人质,这就会使得支持耶律阮的士兵人心动摇。

面对这一情况,耶律阮并不急于以武力解决,而是想借助一个人,由他出面斡旋,以和平的方式解决这一权力冲突,这个人就是耶律屋质。他担任辽朝惕隐的职位,此人博学多才,重情重义,在辽朝具有很高的威望。因此,耶律阮与他暗中通信,请他从中调解这场冲突。

没想到的是,他们的通信被述律太后截获。述律太后拿到信之后,召见屋质进行质问。屋质不避嫌疑,十分坦率地对述律太后说:"太后当时辅佐辽太祖打下契丹的江山,对国家建设而言,太后做出了很大的贡献。所以臣很想效忠太后,为辽朝的江山社稷出一份力。如果太后怀疑臣,那么即便臣想效力也是枉然的。如果同永康王和解,那么事情会成功。两军交战,一旦辽朝人心动摇,必然危害辽朝的江山社稷。"屋质接着对述律太后说:"李胡和永康王都是太祖的子孙。不管谁当皇帝,皇位都没有落入其他部落的手里。太后应该为江山社稷考虑,同永康王议和是最好的解决办法。"

述律太后听完,觉得屋质说得有道理。于是采纳了他的建议,写了一封亲笔信,派遣屋质面呈耶律阮。没想到,耶律阮看了书信之后勃然大怒,原来述律太后在书信中骂耶律阮自立称帝。所以耶律阮用"词多不逊"回信给述律太后，结果这种传信方式导致双方的芥蒂更大。

屋质见情况不妙，于是面见耶律阮，说道："大王没有得到太后的认可，就自立称帝。现在您又兵临上京，这是僭越行为。"耶律阮很不服气，说道："我是受到群臣的推戴称帝，而且当年述律太后废长立幼，这个行为也是僭越行为。"屋质进一步劝解道："太后这件事情确实做得不对，但是为了防止骨肉相残、国家瓦解，权衡利弊下，臣希望大王能和太后见个面，双方有什么不满的地方当面说出来，和解不是难事。"

在耶律屋质的努力之下，耶律阮与述律太后同意见面议和。议和的那天，耶律屋质首先说道："当时太祖去世的时候，人皇王（耶律倍）还在，为什么要立太宗做皇帝呢？"述律氏答道："这是太祖的遗命。"然后屋质又对耶律阮说："大王为什么在军中擅自称帝，不禀报尊亲？"耶律阮说道："按照礼法，当年我父亲人皇王应该继承皇位，结果被我叔叔夺走了皇位。我父亲不得不远走他国。"屋质回答道："当年人皇王远走他国，投奔后唐，那是叛国的行为啊！这不是作为人子、作为人臣的行为。而太宗尸骨未寒，大王就擅自称帝，兵临上京，大王担得起这个罪责吗？"耶律阮听完这番话，面露不快。

没想到屋质话锋一转，对述律太后说道："太后废长立幼，现在又假托太祖遗命，使得朝中人心不快。作为辽朝太后，您难逃其咎。如果您没有悔改之意，那么双方只能开战，到时候辽朝将生灵涂炭，那么太祖的基业毁于一旦。"屋质说完，激动地把笏板扔在地上。

述律太后深有感触地说："当年太祖在位的时候遭到'诸弟之乱'，给国家造成了巨大的伤痛，至今都没有抚平。这种切肤之痛，不能因为我的原因，再发生一次战争。"耶律阮见状，连忙说道："我父亲当时投奔后唐，但是他没有做出危害辽朝江山社稷的事情。现在我却做了这种事情。"此时此景牵动了在场每个人的心，全朝哭声一片。

耶律屋质晓之以情，动之以理，避免了双方刀兵相见。但是述律太后仍然觉得皇位的事情没有解决。耶律屋质说道:"太后如果让永康王当皇帝,那是顺天利合民意,这有什么疑惑吗?"

这时候耶律李胡站起来,厉声说道:"有我在这,永康王怎么可以当皇帝呢?"屋质斩钉截铁地说道:"按照礼法制度,皇位都是传子不传弟。再说您生性残忍,为人怨恨。现在众人推戴永康王为皇帝,这是不可更改的事实。"述律太后对李胡无可奈何地说:"这是你自己所作所为造成的结果啊。"最后,述律太后终于同意立永康王为帝。这就是辽朝历史上著名的横渡之约。

火神淀之乱

经过横渡之约，耶律阮正式即位为皇帝，是为辽世宗，皇族中耶律倍一系取得了胜利。但是述律太后和耶律李胡仍不死心，他们伺机而动，准备重新夺取皇位。但这个阴谋很快就被辽世宗察觉，因此辽世宗将述律太后和耶律李胡迁往祖州（今内蒙古巴林左旗西南五十里）软禁起来，以防他们再次叛乱。

当时世宗即位的时候，很多大臣并不是真心拥戴世宗，他们要么与述律太后有过节，要么受不了李胡的残暴。所以，从根本上而言，世宗的皇权统治从一开始就不稳固。

天禄元年（947），世宗刚刚即位三个月，萧翰、天德、刘哥和盆都就起了谋反之心。萧翰的母亲是被述律太后所杀害，刘哥和盆都的父亲寅底石则是被述律太后杀死在东丹途中，他们与述律太后有杀亲之仇。所以他们一开始只是被形势逼迫，选择依附世宗，而非一开始就忠心于世宗。他们谋反的消息被人告密，世宗却选择原谅了他们。

天禄三年（949），萧翰与公主阿不理（辽世宗的妹妹）写信给安端，希望他能帮助自己谋反，结果这场预谋被安端的儿子察割告密，察割由此取得了世宗的信任。耶律察割是一个城府极深的人，他不露声色，慢慢接近世宗，等待自己谋反的机会。之后他以各部落营帐在一起混杂而居，难以控制，容易发生意外为由，逐渐将自己的营帐移到辽世宗的行宫旁边。

耶律察割的野心虽然蒙过了世宗，但耶律屋质早就对他有所警觉。后来耶律屋质奏告世宗小心察割，而察割在世宗面前表现得极度委屈，说屋质对他有成见，嫉妒他。所以世宗并不相信耶律屋质的话，对察割依旧信任，竟然把屋质所呈奏章交给察割查看。

天禄五年（951），世宗带领群臣在耶律倍的行宫祭祀。宴会上，君臣共饮，皆喝得酩酊大醉。耶律察割见时机已到，便率兵攻入行宫，一举杀死了世宗。

耶律屋质被漫天的杀喊声惊醒，穿好衣服走出帐幕。屋质身穿的紫袍代表辽朝最高官员，所以有人看到屋质就大声喊道："穿紫袍的人不能让他跑掉。"屋质连忙趁乱换掉紫袍逃跑。之后，他立刻召集剩下的群臣将领，合力讨伐察割叛军。

这时候，面对耶律屋质的平叛召唤，而之前也没有答应察割请求援军要求的寿安王耶律述律心中非常犹豫，到底应该站到哪边阵营。耶律屋质见状，便劝说寿安王："大王是太宗的长子，现在察割叛乱了，你之前没有施以援手，到时候察割称帝，他怎么可能容得下你？"寿安王恍然大悟，立刻出兵帮助耶律屋质平乱。

叛军看见寿安王和屋质带兵前来讨伐，纷纷投降。察割见大势已去，便以将领的家属作为人质以此威胁辽朝将领追随他继续负隅顽抗。当时林牙耶律敌烈也被察割扣押，当做人质。他对察割说："正因为您杀了皇上，所以寿安王能有机会得势，您用这样的理由去说服寿安王，也许能够逃过这一劫。"于是察割便派敌烈去寿安王那里说情。

寿安王和屋质将计就计，并且请察割来帐幕里商讨事情。当察割一来到寿安王的帐幕，世宗的弟弟耶律娄国就把察割杀死了。这场由耶律察割挑起的叛乱最终被平息了。群臣见辽朝无主，便推戴寿安王耶律述律继承皇位。辽朝皇权又回到辽太宗这一脉之中。

残暴睡王

寿安王耶律述律因为平定耶律察割的叛乱，救国有功，因此他被群臣拥戴立帝，成为辽朝第四代君主，是为穆宗。由于辽穆宗执政期间嗜酒如命，生性残暴，几乎日日醉生梦死，不理朝政，因此辽穆宗耶律述律被称为"睡王"。

辽穆宗在位十九年，辽朝仍然出现多起争权夺位的斗争。应历二年（952），世宗的弟弟耶律娄国试图推翻穆宗的统治，事发后，被穆宗杀死。应历十年（960），李胡的儿子耶律喜隐谋反叛乱，并且牵连到李胡，父子俩下狱，李胡死于狱中。

由于辽穆宗频繁地镇压叛乱，使得他养成了残忍、弑杀的性格。他对叛乱者如此，对身边的大臣和侍从也是极其残暴，因此君臣之间的矛盾也日益加深。

应历十七年（967）正月，一个给穆宗放养百兽的奴隶被杀掉。同年三月，穆宗杀掉一个放鹿的侍从，并且枭首示众。同年十二月，穆宗把养猪的人给杀了，剁成肉泥。类似于这种滥杀无辜的例子数不胜数，而且穆宗杀人的手段非常残酷，他总是将人处以炮烙之刑，动辄断手断脚、弃尸荒野等等。

有一次，一个侍从把辽穆宗的雉鸡弄伤了，想要逃跑。被辽穆宗抓到之后，他想把这个侍从杀死。这时候殿前都点检耶律夷腊葛认为侍从罪不当死，劝诫穆宗不要滥杀无辜。辽穆宗不听劝诫，直接把侍从杀了。之后辽穆宗指着侍从的尸体，对耶律夷腊葛说："收下你故人的尸体吧。"

辽穆宗随意处死身边的侍从，而且他不留情面地羞辱朝廷重臣，导致辽朝很多人对他怀恨在心，更使得他众叛亲离。辽朝人民常年生活在穆宗的残暴统治之中，备受压迫。

应历十九年（969），穆宗率群臣出去打猎，猎获了一只大黑熊。穆宗非常高兴，回宫后和群臣通宵达旦的宴饮，喝的酩酊大醉。后来，辽穆宗回到行宫，大半夜想吃白天狩猎到的熊掌。侍从急忙让厨师生火烧菜，但是穆宗等了很久都没上菜，勃然大怒，扬言要把侍从和厨师们都杀了。侍从和厨师们感觉自己大祸临头，心想反正固有一死，还不如把穆宗杀了。于是，他们趁穆宗再次睡着的时候，进入穆宗帐幕把穆宗杀死了。

辽穆宗被杀的时候，年方三十九。正是因为他嗜酒无度，残忍成性，视人命如草莽，最后将自己推上了绝路。

景宗中兴

辽穆宗在位期间生性残暴，嗜酒无度，但他不近女色，因此辽穆宗被杀之后，并没有子嗣继承皇位。这时辽朝群臣找到一位有资格即位的人，即耶律贤，他即位后，是为辽景宗。耶律贤是辽世宗的次子，当时耶律察割叛乱杀死辽世宗，耶律贤刚满四岁，侥幸逃脱这场叛变，由世宗旧臣抚养长大成人。

辽穆宗整天饮酒作乐，不理朝政，辽朝的社会发展滞后，民不聊生。百姓渴望有一位明主去中兴自己的国家，体恤百姓，而辽景宗的即位恰恰给了辽朝百姓一个希望，景宗中兴也应运而生。

景宗在位期间主要做了两件事情，即重用汉官；拨乱反正，宽容治国。

景宗之所以能够继承大统，与他身边的两位大臣萧思温与高勋的扶持密不可分。因此景帝即位之后，提拔萧思温，封为国爵，并且迎娶萧思温的女儿萧燕燕入宫，立为皇后。高勋则被封为南院枢密使，执掌幽州，坐镇南京。中枢机构原本只有契丹贵族才能进入，而此时汉人进入中枢机构，不仅说明汉族官员地位的提升，而且说明辽景宗重用汉臣，推崇汉化。

但是高勋来到幽州，目的并不单纯，他希望有朝一日能把幽州作为根据地，起兵谋反。于是，高勋给景宗上疏，想要试探一下景宗，他说要在幽州发展农业生产，打算在幽州城附近教农民种庄稼。景宗收到奏章之后，并未觉得有所不妥。旁边的大臣认为高勋有二心：因为种水稻需要往田地里灌水，那么稻田就变成泥潭，成了幽州城天然的护城河。到时候高勋造反的话，朝廷就无法前去镇压。景宗恍然大悟，把高勋的奏章驳回后，直接逼反了高勋，但这场叛乱很快被平反，高勋则被处死。

契丹人都喜欢狩猎，辽景宗也不例外。景帝所重用的一位汉臣名叫郭袭，他为了劝景宗不要打猎，给皇帝上疏。郭袭在奏折中这么写道："当年唐高祖喜欢打猎，大臣苏世长认为唐朝建国不到十年，不能沉迷游猎。唐高祖听从了他的建议。而现在辽朝内忧外患，如果宋朝知道我们文恬武嬉，乘机进犯的话，那我们就要追悔莫及了。所以陛下应该改掉狩猎的习惯，以江山社稷为重。"景宗看完奏章之后，表示接受郭袭的建议，并且称赞他是功臣。

除此以外，辽景宗还十分重视农业生产，他禁止侍从们随意践踏庄稼。行军的时候，他也命令军队绕开农田，足以表明辽景宗对农业的重视。辽景宗重用汉官、虚心纳谏，使得辽朝社会经济再度复兴。

承天太后摄政

辽景宗在位期间重用汉臣，发展农业生产，使得辽朝的社会经济有所恢复，国力有所增强。但是辽景宗体弱多病，在位仅十四年就因病而死。这时，年仅十二岁的圣宗耶律隆绪即位，景宗的皇后萧燕燕奉遗诏摄政。

萧燕燕，名绰，小字燕燕，辽应历三年（953）出生，父亲是辽朝重臣萧思温。据说萧燕燕从小聪明伶俐，萧思温曾经观察三个女儿扫地，看见小女儿萧燕燕扫得认真又干净，便断定小女儿将来必定持家有方。

萧太后摄政初期，辽朝"母寡子弱，族属雄强，边防未靖"，政治形势十分严峻。她在韩德让、耶律斜轸等人的辅佐下，开始了摄政生涯。

在萧太后执政时期，她积极整顿吏治，知人善任，纠察贪污酷吏。同时，她还要求各级官吏减省刑罚。对于多年的疑难悬案，她都尽量亲自审理，可见萧太后对民生的重视。

经济方面，由于辽朝自建国以来，内战不断，民不聊生。萧太后设法减免一些赋税，同时鼓励百姓开垦荒地，赈济灾荒，使得辽朝的百姓得以修养生息，社会和谐发展。

除了在政治、经济方面，萧太后在军事防御方面也丝毫不放松。她任命耶律休哥驻守南京，以防备北宋的入侵；又命令韩德让率兵讨伐党项。

萧太后用人不疑，而且恩威并施。萧太后命令齐王妃（萧燕燕的姐姐）领兵驻扎在驴朐河（今克鲁伦河）。齐王妃在巡视的过程中，遇见从外族掠来的奴隶挞览阿钵，她就把人留下，给自己作侍从。这事情被萧太后知道后，认为不妥，强行让挞览阿钵离去。齐王妃请求萧太后许配婚姻。萧太后给出的条件是离开京城，领兵去西北讨伐鞑靼，使得鞑靼归附于辽朝。齐王妃领兵讨伐并降服鞑靼，但是她对萧太后怀恨在心。因此齐王妃后来趁自己兵多势众，打算起兵造反。萧太后得知消息之后，立刻夺去齐王妃的兵权，将齐王妃囚禁在怀州（今内蒙古巴林左旗西北）。

萧太后执政期间，经过一系列的政策改革以及任用贤人，使得辽朝的社会得到迅速发展，国力得以增强。

汉人韩德让

韩德让出身大族，祖父韩知古是辽太祖的辅政功臣，父亲韩匡嗣曾任上京留守、南京留守兼枢密使，还被封为燕王。韩德让则智略过人、为人沉稳谨慎、文武双全，他一路高升，很快成为皇后萧绰的心腹大臣。

当年辽景宗驾崩的时候，留守上京的皇后萧绰和年仅十二岁的耶律隆绪孤儿寡母，无依无靠。而那些辽朝贵族对皇位虎视眈眈，随时可能发动叛乱。这个时候，韩德让率领侍卫亲军赶来护卫，并且让皇后萧绰下旨，让上京诸王的妻子前来陪伴，名义上是为了排解皇后寡居的苦闷，实则是让她们做人质。辽圣宗能够顺利即位，与韩德让实行的这一系列计谋，避免皇族诸王叛乱，有着密切的关系。

辽圣宗即位第二年，萧绰被尊为承天皇太后，开始临朝听政。在承天太后摄政期间，韩德让作为佐政大臣提出一系列改革建议，协助承天太后加强和巩固辽朝的政治统治。

统和九年（991），南京一带的燕人形成了一股行贿的不良之风。他们给辽朝官员和贵族送礼，从而逃避国家赋税。韩德让得知这件事情之后，立刻上奏给承天太后。于是承天太后任命北院宣徽使赵智前往南京进行改革，通过按户征收赋税，解决了辽朝行政经济的弊端，进而大大增加了国家收入。

韩德让提出的建设性意见均得到承天太后的采纳，他的地位也日益显赫，以至于承天太后告诉辽圣宗，要像对待自己的父亲那般敬重韩德让。辽圣宗派自己的弟弟耶律隆裕每日询问韩德让的起居生活。当圣宗到韩德让帐幕的时候，他甚至要在帐幕以外的五十步下车，再徒步进入帐幕。

韩德让正因为受到承天太后和皇帝的如此信任，有的时候不免表现得有些骄横。有一次，一个叫耶律虎古的刺史顶撞了韩德让。韩德让一怒之下，竟然将耶律虎古一锤子砸死了。因为与刺史发生冲突，韩德让擅自杀人，理应受到辽朝法律的制裁。但是承天太后并不处置韩德让，只是厚葬了耶律虎古，平息了这场风波。

作为汉人，韩德让确实鞠躬尽瘁，尽力辅佐承天太后和辽圣宗，使得辽朝走向中兴盛世。所以，韩德让死后，辽朝专门建立了一个影殿，把韩德让与景宗的画像一起放在太庙之中，可见韩德让在辽朝受到极高的尊重，获得了无上的荣誉。

辽宋之争

自从石敬瑭把燕云十六州割让给契丹之后，中原大地失去了天然的屏障。宋太祖赵匡胤建立宋朝之后，他时刻想着收复燕云十六州。宋太祖制定了"先易后难，先南后北"的统一方针。但其实等到宋太祖统一南方之后，已经失去了北伐燕云的最佳时机。

宋太祖死后，他的弟弟赵光义即位，史称宋太宗。宋太宗想要完成宋太祖的两个遗愿，即收复北汉和燕云十六州。979年，宋太宗决定亲率大军讨伐北汉。

北汉是辽朝的附属国，并且它是辽朝天然的军事屏障。当宋军入侵北汉的时候，北汉立刻请求辽朝增兵支援。辽景宗便派宰相、大军前去增援北汉。但没想到辽朝宰相、大军和监军三者军事意见不和，导致辽军分兵。由于军事上的错误，辽军被宋兵打得惨败。辽军退兵后，北汉失去援军，孤掌难鸣。最终，宋军包围了北汉太阳城，消灭了北汉。

宋太宗本想趁着消灭北汉之势，一举夺下燕京，收复燕云十六州。但是宋太宗没有意识到苦战数月的宋军已经疲惫不堪，并且军中粮草不足。在这个情况下，很多将领不同意继续进军攻打燕京。一意孤行的宋太宗不听劝谏，仍然挥师北上。宋军刚开始势如破竹，燕云十六州绝大部分的守军还没等宋军攻城就投降了。宋军兵不血刃就拿下了涿州、易州，直抵燕京。这时候辽军早有准备，在高粱河附近击溃宋军，史称"高粱河之役"。

宋太宗一直以高粱河战役的失败以及未能收复燕云为耻。这个时候，宋朝社会经济发展迅速，全国上下一片繁荣的新气象。这时，宋朝群臣屡次上奏，请求出兵收复燕云。同时北宋大臣搜集的辽朝情报有误，他们认为大辽现在由汉人韩德让当权，那么辽朝内部肯定矛盾重重，将相不和。

群臣们的上奏以及辽朝的形势再次激起宋太宗挥师北伐的雄心壮志。在雍熙三年（986），北宋再次北伐，宋军兵分北、中、西三路。三路大军出战，出师大捷，宋军拿下了寰州（今山西省朔州市东）、朔州（今山西省朔州市）、应州（今山西省北部）、云州（今河北省赤城县北部）等地方。但是萧太后决定御驾亲征之后，辽军士气大振。宋军与辽军交战多回之后，战况逆转，宋军连连败仗。

宋太宗虽然极力想收复燕云十六州，始终壮志未酬。最终，至道三年（997），宋太宗去世。赵恒继位，史称宋真宗。至此，辽宋的关系进入新的篇章。

澶渊之盟

由于宋真宗的继位,萧太后认为宋朝政权正是新旧交替的时候,因此这是一个挥师南下的好时机。

辽圣宗统和二十二年(1004),萧太后再次率军南下伐宋。辽军势如破竹,很快就打到了黄河岸边的澶州。如果辽军打过黄河,那么宋都东京可能就保不住了。

面对这个严峻的形势,宋真宗召集群臣商量对策。许多大臣都害怕战争,不敢让宋真宗御驾亲征,甚至有人建议迁都,只有寇准主张御驾亲征。最后宋真宗接受了寇准的建议。

辽军虽然来势汹汹,这时候辽军一名大将的死亡给这场战争带来了转折。这名大将是萧太后的姻亲、京统军使萧挞凛。萧挞凛骁勇善战,深受萧太后的倚重。当萧挞凛率领辽军到达澶州北城的时候,他自恃勇猛,亲自勘测地势,却被宋军的床子弩(大型弓箭)射中,辽军士气大挫。萧太后一看萧挞凛死了,悲痛不已,便命令撤军。

宋真宗的御驾亲征,加上宋军武器先进,这样的战况对辽军非常不利,萧太后议和的愿望十分强烈。而宋真宗从小生长在深宫之中,惧怕战争。因此当萧太后提出议和的建议,宋真宗立马就答应了。

双方使臣往返几次之后,宋朝派了一个叫曹利用的官员去跟辽朝议定。在临行之前,宋真宗交代曹利用,土地是国之根本,因此割地不可行。宋朝可以许诺每年给辽朝相当数量的白银和绢帛,甚至白银百万两。宋真宗让曹利用按照这个标准去谈判。但是寇准私下警告曹利用，如果超过三十万两，就要了他的人头。曹利用在君臣意见不和的条件下，前往辽营交涉。也许是曹利用口才了得，也许是辽军自知自身优势不足，见好就收。双方的谈判较为顺利，所达成的协议是不割地，每年进贡白银十万两，二十万匹绢帛。

曹利用回到宋营后，宋真宗马上召见了他，问他付给大辽多少岁币。曹利用只比画了一个"三"的手势。宋真宗吓了一跳，以为是三百万两，但是他转念一想，三百万两买个天下天平，也是值了。没想到曹利用之后说每年给辽朝十万两白银，二十万匹绢帛；辽宋两国以白沟河为界，双方各自撤兵，不得入侵各自的疆界；辽宋约定成为兄弟之国，辽圣宗尊宋真宗为兄，宋真宗尊萧太后为叔母。这就是著名的"澶渊之盟"。

这次和议之后，宋辽之间维持了一百多年的和平。

圣宗之治

澶渊之盟后五年，也就是辽圣宗统和二十七年（1009），承天太后把政权正式交给了辽圣宗。辽圣宗做了二十七年的皇帝，终于摆脱了"儿皇帝"的地位，开始名正言顺地处理朝政。辽世宗在位四十九年，他是辽朝统治时间最久的皇帝。他在位期间，辽朝完成了封建化改革，国力达到了鼎盛时期。

契丹民族是马背上的民族，因此皇帝仍然保持契丹旧俗，喜欢狩猎和打马球。打马球也称为击鞠，是一项马上群体搏击性运动，这项运动非常危险。辽圣宗即位以后，经常与大臣打马球，这就避免不了君臣争球以及受伤的情况。

谏议大夫马得臣上书劝谏辽圣宗，他认为这项马上运动丧失了君臣礼节，并且马匹可能在奔跑击球的途中受惊而造成人们受伤。所以马得臣认为辽圣宗应该以江山社稷为重，停止参与这种危险的游戏。辽圣宗收到马得臣的谏书之后，欣然采纳了他的建议。自此之后，辽圣宗减少了打马球的次数。

辽圣宗非常重视人才的选拔，知人善任。统和六年（988），辽圣宗下诏开科取士。开放的进士名额从初期的二三个，后期增至七十余人。

北院部人耶律韩八很有才干，但是他苦于没有出仕的机会。在一次偶然的机会下，韩八碰到辽圣宗。通过交谈，辽圣宗发现韩八很有才干。不久，北院呈奏南京有很多疑难案件不能判决，圣宗任命韩八前往南京审案。朝中大臣反对任用初出茅庐的韩八，认为这样的任命不妥当。耶律韩八到了南京后，不负所望，他把积压案件全都处理完了。从此，耶律韩八在圣宗和兴宗两朝担任北院大王，以清正廉洁著称。

辽圣宗和母亲承天太后一样，非常重视民生民情。辽开泰元年（1012），辽朝发生水灾，有些灾民被迫把家人送去贵族那里当佣人，以此勉强换取钱粮求得生存。辽圣宗得知这个情况之后，宣布凡是被灾民家人抵押为佣人的，每天按佣钱十文计算，身价折够佣钱就把那些佣人放回家。

辽圣宗在官吏整治方面也非常严格。辽太平六年（1026），辽圣宗让南北各个部落加强官员的监督考察。如果有官员甚至包括皇亲国戚，出现贪污残暴、祸害百姓的情况，就要立刻免职，严加处置，终身不能录用。比如辽开泰二年（1013），耶律化哥在征讨阻卜诸部的途中，放纵士兵抢夺百姓财产。虽然后来耶律化哥在统军都监的劝说下，又将东西全部返还。辽圣宗知道这件事情之后，还是下令削去耶律化哥的官爵，贬为大同军节度使。

辽圣宗实行的这些举措充分表明圣宗重视民生、从严治吏、重视人才。正是这些措施的实施，使得辽朝的各项规章制度日益完善，辽朝也走向了鼎盛时期。

渤海大延琳起义

辽朝中后期完善了封建制度，使得贫富差距日益加深，辽朝百姓反对封建剥削与压迫的斗争不断增多，其中圣宗统治时期，渤海大延琳起义是一场规模较大的起义。

当时契丹辽太祖平定渤海国之后，仍然沿用渤海国的旧俗和制度，而且对买卖货物的征税比较宽松。辽圣宗后期，东京户部使韩绍勋（韩延徽之孙）、冯延休管辖渤海地区，但是他们按照燕京地区的制度对渤海人民进行征税，加重了渤海地区人民的负担，人们敢怒而不敢言。

辽太平九年（1029），燕京地区闹饥荒，韩绍勋和户部副使王嘉命令渤海人造船运粮。但是水路艰险，所造的粮船遭到了损坏。辽朝官吏不体恤民情，反而变本加厉，导致渤海人民怨声载道。

大延琳是渤海国王族的后裔，当时他担任东京舍利军详稳。大延琳利用渤海人民的不满情绪，率众起义。起义军杀死了韩绍勋和王嘉，囚禁了辽东京留守、驸马都尉萧孝先和南阳公主崔八（辽圣宗第四女）。之后大延琳正式在东京自立为帝，国号"兴辽"，年号"天庆"。

他按照渤海旧有的制度设立官职，任命大延定为太师、高吉德为大府丞、刘忠正为行营都部署等等。随后，大延琳派大府丞高吉德出使高丽，告知渤海国的国事，以求援军支持；大延琳同时派太师大延定鼓动南北女真人起兵反抗辽朝，从而配合东京起事。

起义之前，大延琳曾经与辽东京副留守王道平一起商议起义的事情，不料起义后王道平叛变。他与大延琳派往黄龙府的使者一起赶到辽圣宗那里，把起义的事情告诉圣宗。

辽圣宗听到消息之后，立刻出兵平定叛乱。辽圣宗任命南京留守萧孝穆为都统、萧匹敌为副统、奚六部大王萧蒲奴为都监，兵分三路将起义军包围。大延琳处于被动状态，不得不固守东京城。

大延琳在东京城外修筑堡垒，断绝城内外的联系。东京城被围困了几个月之后，城内粮食不足，人心惶惶。被囚禁的驸马萧孝先和南阳公主趁着城内看守松弛，从事先挖好的地道中逃了出来。起义军面临的形势越来越严峻。之后大延琳副将杨详世叛变，暗中与辽兵取得联系，夜里打开城门放辽军进城，东京城遂破，大延琳被活捉。

辽太平十一年（1031），即渤海大延琳起义被平定的半年后，辽圣宗在大福河行宫（今赤峰市阿鲁科尔沁旗境内）病逝，辽圣宗执政期间被称为辽朝盛世。但是大延琳起义说明了在盛世之下的辽朝仍然存在一些民族政策方面的失误，导致了地方暴乱。

萧耨斤篡权

辽太平十一年（1031），辽圣宗病逝，其长子耶律宗真即位，称为辽兴宗。辽兴宗即位后不久，其生母萧耨斤突然发动政变，篡夺了辽朝政权。

萧耨斤最初只是圣宗的妃子。当时圣宗册封萧菩萨哥为皇后，尊为齐天皇后。据史料记载，齐天皇后才貌双全，深得辽圣宗宠爱。她孕有两子，但是都早夭，从此都没有生下皇子。后来萧耨斤侍候圣宗，生下了耶律宗真和耶律重元两个儿子。萧耨斤因生子而得宠，被封为顺圣元妃。

齐天皇后膝下无子，但是她将耶律宗真视为己出，宗真与齐天皇后也特别亲近。这种和谐的关系引起萧耨斤的嫉妒和不满，她常常在辽圣宗面前说齐天皇后的坏话。但是辽圣宗深信皇后的品德，对这些谗言都不予理会。

圣宗病逝之前特意嘱咐耶律宗真："齐天皇后侍奉朕四十年，因为她没有子嗣，所以才让齐天皇后抚养你，立你为太子。朕死了之后，希望你和元妃不要杀她。"

圣宗死后，按照遗诏，应该立耶律宗真为帝，封齐天皇后为皇太后。但是元妃藏匿了遗诏，自立为皇太后，称为法天太后。

掌权之后的法天太后一心想铲除齐天太后。她把自己的兄弟安插在朝廷之中，扩大自己的势力。然后法天太后诬陷齐天太后的两个弟弟——宰相萧泥卜与国舅谋反，齐天太后也被牵涉在内。最后法天太后把两位国舅下狱处死，齐天太后也被下狱囚禁。

辽兴宗与齐天太后感情深厚，于是他去法天太后那里求情。法天太后早已想除齐天太后而后快，毫不理会兴宗的请求，派人给齐天太后送去毒药。齐天太后说道："天下人都知道我是无辜的，等我沐浴整理好仪容后就去死。"于是齐天太后沐浴更衣完毕后，喝下毒药自杀。

法天太后除掉齐天太后，独揽朝政，导致辽兴宗成为了一个傀儡皇帝。有一次，兴宗把银带赏给了乐工孟五哥。法天太后知道这件事情之后，把孟五哥抓来暴打了一顿后下狱。兴宗知道整件事的起因是法天太后的宠臣高庆郎告的密。于是，兴宗派人暗中杀了高庆郎。法天太后大发雷霆，兴宗也被激怒了，说道："朕身为天子，难道要和囚徒一样需要对质吗？"这件事情使得兴宗对法天太后的痛恨到了极致。

为了夺回皇权，兴宗联合皇族大臣向法天太后展开了夺权斗争。与此同时，法天太后也展开了行动，她打算废掉兴宗，另立次子耶律重元为帝。但是耶律重元偷偷把法天太后的计谋告诉了兴宗，兴宗决定先发制人。重熙二年（1033），兴宗率兵包围法天太后的寝宫，将法天太后软禁在庆州（今甘肃省庆阳市）。

辽兴宗由此夺回了政权，取得了与法天太后斗争的胜利。由于耶律重元告密有功，兴宗封他为皇太弟。这个封号的授予，为后来皇族内部的斗争又埋下了隐患。

重元之乱

兴宗从法天太后手里夺回实权之后，却没有开拓创新，只是沿袭圣宗时期的统治政策进行执政。重熙二十四年（1055），兴宗病逝，其子耶律洪基继位登基，是为辽道宗。耶律洪基是辽朝历史上最昏庸的君主，他沉迷于酒色，不辨忠奸。

面对辽道宗的治国无道，耶律重元后悔之前将皇位拱手让人，再加上他在辽朝的影响和威望。于是耶律重元、耶律涅鲁古父子二人招兵买马，企图篡权夺位。他们打算利用辽道宗外出打猎的机会，袭击行宫。

正当耶律重元一切准备就绪，夺权计划走漏了风声。敦睦宫使耶律良将此事告知皇太后，说重元父子欲图不轨，想要谋害皇帝，自立为帝。皇太后连忙把道宗请来，告知重元父子的阴谋，一起商议对策。

道宗并不相信，认为重元父子不可能造反，并且他指着耶律良说："你这是想离间我们皇室的骨肉亲情，该如何处置你？"耶律良一听，立刻跪下跟道宗说："臣如果瞎说，愿意就地伏法。陛下可以召见耶律涅鲁古。如果他不敢见陛下，便说明他有造反之心。"道宗正在犹豫的时候，皇太后提醒道："这是涉及江山社稷的大事，应该尽快做打算。耶律良跟随我这么多年，他不会胡说八道。"道宗这才派人去召见涅鲁古。

耶律涅鲁古见道宗派来使者，做贼心虚，就把使者捆绑起来，扣留在营帐了。由于草原人都有随身携带切肉小刀的习惯，使者趁其不备，拔出小刀，割断绳索，立刻跑回道宗行宫。使者见到道宗说道："臣差点就没见到皇上了。我一进涅鲁古的营帐，他就把我捆起来了。臣好不容易逃出来。"

辽道宗证实耶律重元父子谋反消息后不久，耶律重元父子率兵杀到了营帐。在如此紧急的情况下，辽道宗任命耶律仁先率兵平反。双方交战的过程中，耶律涅鲁古见辽军兵势强大，率领叛军冒着箭雨进行突围，不料，耶律涅鲁古半路就中箭落马身亡。耶律重元见儿子战死，心中懊悔不已，便无心再战。由于事发突然，辽道宗护驾的兵马不多，必须立刻调遣更多的兵力护驾。这样，双方有了一个晚上的缓冲时间。耶律仁先连夜派人到各地召集兵马，而耶律重元则趁机自立为帝，并且任命胡睹自为枢密使。

自立为皇帝的耶律重元再次率军围攻辽道宗的行宫。耶律重元的军队中以奚兵为主，这些奚兵射法奇准，一旦双方开战，就会对辽道宗产生威胁。萧韩家奴猜测大多数奚兵是遭到胁迫而来，所以他出阵对奚兵说："你们为逆贼效力，竟敢射杀天子，这是灭族的大祸。你们应该悔过自新，才能保全你们的族人。"于是这群奚兵纷纷下马，放下了武器。耶律仁先率军乘机奋进，追杀逆贼。耶律重元如同丧家之犬，逃到了大漠。他自知没有出路，便自杀身亡。

辽道宗平定了耶律重元父子的叛乱，但是这场叛乱对辽朝的经济和军事造成不可逆转的损失。

奸臣耶律乙辛

在辽道宗统治期间，辽朝第一大奸臣耶律乙辛登上了历史舞台，他使原本就衰败的辽王朝迅速滑到无底深渊。

耶律乙辛的先祖原本是契丹贵族，但是到了他父亲耶律迭剌一辈，家道中落，甚至都不能解决温饱问题，所以耶律迭剌被人称为"穷迭剌"。

据说耶律乙辛的母亲怀孕的时候，梦见自己与公羊搏斗，把公羊的两个羊角和尾巴都拔掉了。算卦先生认为这是吉卦，说明耶律乙辛之后会称王。耶律迭剌觉得自己的儿子不是一般人，虽然家庭没落，还是万般宠溺他的儿子，不让耶律乙辛放羊。长大后的耶律乙辛一表人才，他凭借俊朗的外貌入仕做官。他一开始由于管理印章，有机会出入皇宫，得到了皇太后萧挞里的青睐，从而他也接触到了辽兴宗。由此，耶律乙辛的仕途一路顺利，平步青云。

耶律乙辛非常懂得见机行事，提高自身的地位和势力。在耶律重元父子叛乱之前，耶律重元的儿子耶律涅鲁古上奏建议把耶律仁先调任西北路招讨使，以便为之后篡夺皇位扫除障碍。由于当时耶律乙辛势力不大，他想攀附耶律仁先，就和耶律仁先站在一个阵营。所以耶律乙辛对辽道宗说道："耶律仁先是先帝的旧臣，不能调离朝廷，应该留在朝中辅佐皇上。"道宗听从了耶律乙辛的建议，没有把耶律仁先调到西北守边。而耶律重元父子起兵叛乱的时候，耶律乙辛也在场积极参与平叛。因此，辽朝能够快速平定耶律重元父子的叛乱，耶律乙辛也功不可没。

之后辽道宗提拔了平乱有功的耶律乙辛，官至北院枢密使，官爵显赫。

由于这时候耶律乙辛大权在握，他就想办法排挤朝中重臣，从而攫取更高的权力。耶律乙辛利用皇帝对他的宠信，使用各种卑劣的手段，最终他将耶律仁先排挤出京。耶律仁先被任南京留守，直到去世他都没能返回朝廷。而此时耶律乙辛独揽大权，位居百官之首，辽朝因此进入了耶律乙辛擅权的时期。

耶律乙辛利用自己的职权排挤忠良，将自己的亲信党羽安插在朝廷内部，辽朝内政被搞得乌烟瘴气。但是随着太子耶律浚开始处理朝政，他的贤良得到群臣的拥戴和赞赏，耶律乙辛感觉到太子对他产生了威胁。因此为了扳倒太子，耶律乙辛就想先除掉太子的保护伞——皇后萧观音，由此他谋划了杀害皇后的计划。

才女皇后萧观音之死

辽道宗的皇后萧观音与辽朝其他皇后有所不同。辽朝历代皇后善于理政、打仗,如同契丹男儿,威武不凡,但是萧观音精通书画、擅长填词奏乐,温柔体贴。

辽清宁二年(1056),道宗率领群臣狩猎,皇后萧观音同行。打猎完后,道宗让皇后即兴赋诗,萧观音便吟道:

威风万里压南邦,东去能翻鸭绿江。

灵怪大千俱破胆,那教猛虎不投降。

这首诗说的是辽朝皇帝的丰功伟绩。南压北宋,东打高丽,连鬼神都惧怕大辽,何况凶猛的老虎,怎能不乖乖地投降呢!群臣听了皇后所作的这首诗后,忍不住赞叹。道宗更是称皇后为女中才子。

皇后萧观音不仅温柔多才,而且忠心耿耿。她看见道宗整日狩猎,不理朝政,便说:"唐太宗在位时期,他的一位爱妃叫徐惠。徐惠曾经说:'不以色侍君,应以才侍君。'"所以皇后萧观音以徐惠自居,常常劝谏道宗。一来二去,道宗听得有点心烦了,便渐渐疏远了皇后。

皇后萧观音见道宗冷落了自己,每日在宫中写诗填词,以此来打发自己心中的郁闷。当年唐玄宗宠信杨玉环之后,冷落了梅妃。梅妃就把自己的宫苑命名为"回心院",希望唐玄宗能够回心转意。皇后萧观音也仿照梅妃,将自己的宫苑命名为"回心院",希望有朝一日辽道宗能够回心转意。并且皇后特意作了《回心院》一词,以抒心意:张鸣筝,恰恰语娇莺。一从弹作房中曲,常和窗前风雨声。张鸣筝,待君听。这首词将萧观音盼望道宗的心情表现得淋漓尽致。

但皇后并没有等到道宗的回心转意,她为了能够让道宗听到自己的心声,找了一个叫赵唯一的汉人乐工,一起弹唱这首《回心院》。

耶律乙辛买通萧观音身边的宫女,得知皇后经常与赵唯一弹唱《回心院》,他便想诬告皇后和赵唯一有私情,以此借口除掉皇后。耶律乙辛找人仿照《回心院》格式,写了淫词艳曲《十香词》。他让宫女将这首《十香词》拿给皇后看,谎称这是宋朝皇后的作品,让萧观音誊写一份,以成南北璧合。皇后萧观音信以为真,誊写了一份之后,又和了一首《怀古》诗:

宫中只数赵家妆,败雨残云误汉王。
唯有知情一片月,曾窥飞燕入昭阳。

这首诗前两句通过描写汉成帝与宠妃赵飞燕的故事,指责后宫误国,后两句由赵飞燕被打入冷宫联想到自己的遭遇,明月可鉴。

结果耶律乙辛看到诗中含有"赵""唯""一"三个字,便立刻上奏给道宗说明了皇后与赵唯一的私情。

道宗听了之后勃然大怒,立刻把皇后抓来审问。在人证、物证俱在的情况下,乐工赵唯一被处死。道宗赐皇后三尺白绫,皇后死之前含泪写下《绝命词》,其中吟道:"欲贯鱼兮上进,乘阳德兮天飞。岂祸生兮无朕,蒙秽恶兮宫闱。将剖心兮自陈,冀回照兮白日。";"呼天地兮惨悴,恨今古兮安极。知吾生兮必死,又焉爱兮旦夕。"这是萧观音作为一个柔弱女子,在自己生命结束之际,发出的绝望而无奈的呐喊。

昭怀太子耶律浚之死

太子耶律浚是辽道宗的独子，从小聪明好学，深得辽道宗的喜爱。辽大康元年（1075），辽道宗任命太子耶律浚总领北南两枢密院，上朝处理朝政。太子忠正刚直，由于他的参政使得骄横跋扈的耶律乙辛受到限制。

耶律乙辛蓄意制造宣懿皇后萧观音的冤案之后，为了继续擅权，他开始谋划排挤太子势力、杀害太子的计划。

大康二年（1076），宣懿皇后刚死，耶律乙辛就向道宗推荐萧阿剌家族的萧坦思为后，这样耶律乙辛利用后族进一步操控朝廷，排挤太子的势力。但是耶律乙辛在朝中为所欲为，致使皇后萧观音冤死，并且排挤太子的行为，使得朝中一些大臣上奏弹劾耶律乙辛及其同党。

辽道宗一方面对于皇后萧观音的死有所内疚，另一方面为了平息朝中大臣的愤怒，他将耶律乙辛贬为中京留守。耶律乙辛因此被贬出朝廷，但是他的党羽遍布朝廷。他通过党羽了解朝廷情况，从而间接地把控朝政。耶律乙辛指使党羽不断地向辽道宗讲情，说耶律乙辛没有罪过，是受到别人的谗言所害。道宗仍念旧情，恰逢耶律乙辛生日，便派人前去祝寿。耶律乙辛借此机会给道宗捎话："臣忠于皇上，时刻担心皇上的安危，臣做梦都想回到皇上身边效力。"于是耶律乙辛被贬三个月后，辽道宗又重新把他召回朝廷，任命为北院枢密使。

耶律乙辛复职之后，道宗更加宠信他，导致很多奉承耶律乙辛的官员也升官加爵，奸臣在朝廷中更加猖獗。

由于耶律乙辛的党羽遍布朝廷，太子的一举一动都在他的掌握之中，太子耶律浚愤恨地说道："杀害我母后的人是耶律乙辛。不杀了此贼，我不为人子。"

耶律乙辛为了加紧迫害太子，指使护卫太保耶律查剌，诬告耶律撒剌和萧速撒打算废道宗，推立太子为帝。因为这件事情没有证据，所以道宗只是把耶律撒剌和萧速撒贬出朝廷。

耶律乙辛看见没有牵涉到太子，又想了一个计谋。他指使他的党羽以谋立新帝这个案件的参与者向道宗自首。道宗经不住众人多次的参奏，便派耶律燕哥审讯太子。太子对耶律燕哥说道："皇上只有我一个儿子，而且我已经被立为太子了，能有什么更高的要求去逆谋。你与我是自家兄弟，请将我的话转告给父皇。"这时候，耶律乙辛的党羽萧十三怕耶律燕哥感情用事，就告诫耶律燕哥："如果你把这个消息转达给皇上，那么我们的事情就败露了。你要说太子已经认罪。"于是耶律燕哥按照萧十三的说法，没有把太子的话告诉道宗，反而谎报太子已经招供。辽道宗听到这个消息之后，果然大怒，下令废黜太子。

耶律乙辛怕辽道宗事后反悔，大康三年（1077）十一月，他暗中派人杀死太子，割下头颅，谎称太子病死。道宗事后才知道太子耶律浚死得冤枉，因此追悔莫及，追谥昭怀太子。

辽道宗锄奸

耶律乙辛害死皇后萧观音和太子耶律浚之后，扫除了朝廷一切障碍，独揽大权。由于耶律浚是道宗的独子，因此耶律浚死后，辽朝再一次出现皇位继承的问题。

耶律乙辛杀害了太子耶律浚，但是太子的儿子耶律延禧在事发之后被寄养在宫外，耶律延禧有继承皇位的资格。而耶律乙辛原本想通过新皇后萧坦思来占据储君之位，但是萧坦思并没有给道宗留下子嗣。这使得耶律乙辛对于储君的事情非常担忧，他害怕道宗将来把耶律延禧接回宫中立为储君。因此想方设法地阻止这件事情的发生。

他找到耶律淳，想推立其为储君人选。耶律淳是辽兴宗的孙子，他从小在宫中长大，辽道宗和皇后萧观音都对他视如己出。耶律淳聪慧过人，在众多的辽朝皇室贵族中出类拔萃。耶律乙辛向辽道宗推荐耶律淳之后，遭到北院宣徽使萧兀纳的反对。他反驳道："不立太子的儿子耶律延禧，不就等于把皇位让给他人。"虽然辽道宗昏庸，他对储君的事情还是非常慎重的。耶律乙辛机关算尽，也没有成功阻止辽道宗把他的孙子耶律延禧接回宫中。于是耶律乙辛决定铤而走险，除掉耶律延禧。

大康五年（1079），辽道宗准备外出打猎，耶律乙辛奏请辽道宗让皇孙耶律延禧留守京都，以便找机会加害耶律延禧。辽道宗听惯了耶律乙辛的意见，准备答应这件事情。但是萧兀纳认为皇孙年纪小，留在宫中不安全。最终，出于安全考虑，辽道宗听从了萧兀纳的意见，把皇孙带在身边。

在这次外出打猎途中，跟随道宗出猎的群臣都跟在耶律乙辛后面，道宗身边反而冷冷清清。这个时候，道宗才看清形势，幡然醒悟，知道耶律乙辛是一个心机颇重的人，他的党羽已经遍布朝廷，早就已经把道宗架空了。

从那以后，道宗开始收回耶律乙辛的权力，免去北院枢密使的职位，把他的爵位从亲王降到郡王。大康九年（1083），耶律乙辛投奔宋朝，以叛国罪被处死。

耶律乙辛掌权的十七年，他不仅用恶毒的手段杀害了皇后和太子，而且他排挤忠良，导致辽朝奸臣当道，这些事情给辽朝造成不可磨灭的伤害。

辽道宗死后，耶律延禧即位，是为天祚帝。天祚帝即位之后厚葬了冤死的祖母和父亲，并且将耶律乙辛开棺戮尸，化骨扬灰，以解自己的心头之恨。奸臣耶律乙辛最终没有得到好下场，但是辽朝已经不可避免地走向衰亡。

天祚帝东征

辽朝末期，女真频频来犯，辽朝与女真一直处于交战状态。但是辽军节节败退，天祚帝认为这有损大辽朝威。而军事重镇黄龙府失陷，天祚帝为此大怒，下诏亲征，准备一举消灭女真人。

经过准备，辽朝在长春州（今吉林省白城市境内）聚集了十万兵马。但是在辽朝出兵之前，一天夜里，士兵的武器发出了光芒，战马惊吓得嘶叫不停，将士们认为这是不祥之兆。天祚帝就找天官询问此事。天官支支吾吾，说不出个所以然。南府宰相张琳连忙解释道："这是灭敌之兆。"天祚帝一听，非常高兴。为了增加士气，天祚帝为辽军发放了数月军粮，下令出发。

辽军号称十万大军杀向鸭子河，一路浩浩荡荡，准备先夺回宁江州。完颜阿骨打得知辽军行军路径之后，立刻率军前往鸭子河迎战。两军在各自的位置扎下营盘之后，双方对质。但是还没有开战，天祚帝因为害怕女真人突袭军营，竟然传令大军后退三十里。未战先退，这是兵家大忌。辽军将领对天祚帝说："我军前来讨伐女真军，如今两军对质，将士们正想和女真军决一死战，现在我军后退将会削弱将领们的锐气。"天祚帝觉得此话有理，便又下达了进军的命令。两军在鸭子河畔准备交战。

正值寒冬，天祚帝坐镇中军，用旗语亲自指挥辽军作战。这时候，在阳光的照耀下，天祚帝看到天空中飘着带有血腥的雪花。天祚帝望着暗红色的雪花，突然联想到出兵之前，军营里兵器发光的事情，他害怕这次战争对辽军而言，是不祥之兆。天祚帝出了神，不知不觉地晃动了手中的旗子，但是这恰恰给辽军一个错误的信号。因为辽军遵从天祚帝的旗语,旗帜指向西南方向,所以这是天祚帝让辽军撤退的意思。

辽军本来就对这次的战争信心不足,一见天祚帝发出了撤退的旗语,纷纷不战而逃。据说天祚帝一天一夜跑了五百里,直到跑到长春州(今吉林省前郭塔虎城)才停下来。辽天祚帝率军东征以这样的形式宣告结束。

耶律章奴欲立新帝

女真人起兵反辽之后，天祚帝仍然不理朝政，行猎无度，耶律章奴是辽太祖耶律阿保机弟弟的后人，他时刻为辽朝的前途而担忧。最后，具有强烈民族感的耶律章奴决定废掉昏庸的天祚帝，寻找合适的时机拥立耶律淳为帝。

当年奸臣耶律乙辛为了专权，打算推立耶律淳为储君，以防止皇权落入天祚帝之手。耶律淳没有参与耶律乙辛立储的事情，但是因为这件事而受到牵连，被贬出京二十余年。耶律章奴认为在皇室贵族中，耶律淳出类拔萃，在大臣中树立了很高的威望。所以耶律章奴打算废掉治国无能的天祚帝，另立耶律淳为帝，以拯救辽朝危机。

在天祚帝东征途中，耶律章奴一路跟随天祚帝亲征。当辽军到达鸭子河之后，耶律章奴暗中联络了一些军将，商议废除天祚帝的事情。在这场战争中，天祚帝和辽军不战而逃，导致军心散乱。耶律章奴觉得废立天祚帝的时机已经到了，便派耶律淳的妻兄萧敌里以及外甥萧延留等人先回上京，谎称天祚帝在战争中下落不明，拥立耶律淳为帝，而耶律章奴率领部分人马随后赶回上京。

耶律淳一个妃子的父亲参与了耶律章奴召开的这次废帝会议，他觉得这件事情很难成功。于是他找到天祚帝，告知了他这个消息。天祚帝听了之后勃然大怒。天祚帝派人赶往广平甸（今赤峰市翁牛特旗境内）保护皇后和皇子，同时他率军追杀耶律章奴。

萧敌里和萧延留赶到上京，立刻告知耶律淳废立天祚帝的事情。但是耶律淳对称帝的建议非常犹豫，他认为如今天祚帝下落不明，而且诸皇子健在，根本轮不到自己当皇帝。而且耶律淳非常质疑萧敌里和萧延留，他认为朝廷出了这么大的事情，群臣没有前来，唯独两人过来相劝。于是，耶律淳派人把萧敌里和萧延留看押起来，静等事态变化。这时候，辽天祚帝派遣的使者也回到上京。耶律淳知道事情的原委之后，立刻把萧敌里和萧延留斩首，然后提着两颗人头向天祚帝请罪，以表忠心。

耶律章奴在途中得知耶律淳拒绝称帝的消息后，索性联合上京、中京地区的农民起义军，公开与朝廷对抗，进而他想挟持皇后、皇子作为人质。结果，耶律章奴在叛乱的途中被官兵打败，被抓后押送给了天祚帝。天祚帝一怒之下把耶律章奴斩首示众。

高永昌兵据东京

辽天祚帝在抓捕耶律章奴的时候，东京地区也发生了一起反辽事件。

萧奉先的弟弟萧保先通过宫中的姐妹和萧奉先的关系，担任辽东京留守。萧保先为人贪婪，对百姓非常严酷，因此他留任东京期间，东京百姓怨声载道。

东京地区以渤海人为主，渤海人与女真人都属于靺鞨，祖先都来自肃慎。渤海人得知女真人起兵反辽的消息，也激起了他们反抗辽朝的斗志，于是趁着天祚帝在鸭子河被金兵打败之际，聚众起义，杀死了萧保先。户部使大公鼎和副留守高清臣等人听说萧保先被杀的消息后，十分震惊，急忙派遣军队捕杀镇压渤海人。在镇压的过程中，官兵滥杀无辜，激起渤海人更大的暴动。

驻扎在东京附近的辽朝将领高永昌，早就不满于辽朝的统治。他听说东京官兵镇压渤海人的消息，立刻率军包围了东京。东京城内的渤海人为了配合高永昌攻城，放火烧城。大公鼎和高清臣见势不妙，仓皇逃走。

高永昌占领东京之后，为了恢复渤海人的统治，便自立为大渤海国皇帝，改年号为"隆基"。高永昌在辽、金两大势力之间建立政权，他知道新建立的政权势力单薄，便派遣使者赴金对阿骨打说："高永昌已经建立国家，希望同金联合起来共同灭辽。"阿骨打十分赞同高永昌的反辽行为，提出的条件是希望高永昌归顺于金。高永昌坚决不同意这个条件，并且要求阿骨打归还所有俘获的渤海人。

阿骨打听了之后，勃然大怒，立刻派斡鲁进兵东京，高永昌听到消息之后表示愿意向金人称臣。这时，高永昌手下的渤海人高桢前来投降金军。他告诉斡鲁："高永昌并非真的要投降，而是缓兵之计。"斡鲁听了之后，立刻向东京进兵。同时阿骨打把之前俘获的渤海人放回家乡，让他们招抚渤海人，从而归顺女真。之后被放回东京的渤海人恩圣奴、仙哥等人抓住高永昌的妻子，打开了东京城门，斡鲁兵不血刃地进入东京。高永昌的部下看大势已去，最后抓住高永昌，献给金军领赏。

金军占领东京之后，进而获取了东京周围的州县。金人进一步控制了辽东半岛以东地区，这为金军灭辽创造了有利条件。

天祚帝被俘

随着辽朝城池的逐一沦陷，大辽灭亡已成定局。此时的辽天祚帝逃到了夹山，彻底对辽朝失去了控制。在绝望之际，他终于看清了萧奉先一直以来的奸佞之相，误国误民。于是天祚帝将萧奉先父子撵出夹山。可是萧奉先父子走出夹山后被金兵所抓，在押往金营的途中，两人又被辽兵抢回来送到夹山。天祚帝见萧奉先父子又回来了，不禁大怒，下令立即将其处死。

而辽朝将领耶律大石率领部分辽军保护萧德妃，历经千辛万苦，终于在夹山找到了天祚帝。没想到北辽政权的建立，导致辽天祚帝秋后算账，他把萧德妃处死，并且派耶律大石与金兵作战。

辽天祚帝在逃跑的过程中，一直在找避难之处。正在这时，西夏国王李乾顺派遣使者请辽天祚帝前往西夏。天祚帝爽快地答应了，但是众将极力阻止。因为一旦辽天祚帝出走西夏，那么辽朝无君，这个国家就没有希望了。于是残留下来的将领劫持了皇子耶律雅里，他们在沙岭（今河北宣化西）建立了政权，拥立耶律雅里为帝，史称后辽。

但是耶律雅里没有治国之道，不积极抗金复国，导致朝野争斗相持不下。耶律雅里当了半年的皇帝就死了。耶律雅里死后由耶律术烈即位，很快就被部下杀害，后辽随之灭亡。

在投奔西夏的途中，辽天祚帝又得到西夏归附金朝的消息。这样天祚帝去西夏避难的计划随之破灭。他四处寻找避难的地方，宋朝也想和天祚帝联系，希望宋辽合作抗金，但是天祚帝并不信任宋朝，最终没有前往宋朝避难。

辽保大五年（1125）正月，党项部首领提出让天祚帝来避难，天祚帝决定动身前往党项部。但是刚走出夹山，天祚帝就遇到了金兵。在金军的围剿之下，辽军纷纷投降。天祚帝知道抵抗也没用，于是仰天长叹。

正当金军准备把天祚帝捆绑起来，没想到天祚帝耍起了皇帝威风，说道："你们这些人怎么敢对天子如此无礼？"于是金军将领完颜娄室下了马，在天祚帝面前下跪作揖，说道："奴才不才，以甲胄冒犯天威，请陛下下马。"天祚帝凄然一笑，就这样被押运到金朝。天祚帝被押到金腹地（长白山地区），降为海滨王，四年后（1129）病逝。

耶律大石

耶律大石，字重德，是辽太祖耶律阿保机的八世孙。据说耶律大石仪表堂堂、文武兼备。天祚帝天庆五年（1115）耶律大石考中进士，他是《辽史》所记载的唯一一名契丹族进士。后来耶律大石官至翰林承旨，"翰林"在契丹语中读作"林牙"，所以耶律大石又被称为"大石林牙"。

耶律大石是一个具有民族大义的人，当他看见辽天祚帝只顾逃命，根本没有心思抗金，因此他拥立耶律淳为帝，以安抚民心。耶律淳史称天锡皇帝或宣宗，他所组建的朝廷称为"北辽"。因为耶律淳年事已高、体弱多病，因此朝中大事多交由耶律大石处理。

耶律淳所建立的朝廷重新给军民带来希望，因此耶律大石很快完成收编军队，建立了一支劲旅。金朝按兵不动，北宋却想趁机侵犯辽朝。在辽军与宋军交战之际，耶律大石临危不惧，指挥若定，辽军取得战略性的胜利。辽朝似乎复兴在望。

但是这时候，耶律淳病故了。耶律淳的萧德妃德才兼备，因此耶律大石和宰相李处温、奚人萧干等人商量之后，决定由萧德妃主持国政。宋金联合作战，耶律大石无法兼顾战事，因此耶律大石率领的辽军大败。他不得不带着萧德妃逃离南京，一路向西来到夹山，希望能找到藏匿在此的天祚帝。

耶律大石找到天祚帝之后，天祚帝对耶律大石拥立新帝的事情勃然大怒，而耶律淳过世后，耶律大石又让萧德妃执政，更是让天祚帝怒不可遏，所以天祚帝斩杀了萧德妃。天祚帝责问耶律大石："我还活着，你哪来的胆量拥立耶律淳为帝？"耶律大石早就料到天祚帝会这么问自己，于是他淡定地回答道："皇上作为一国之君，却不顾江山社稷，逃到这大山之中避难，百姓遭受战乱。我为了拯救天下黎明百姓，就算拥立十个耶律淳反抗宋金的入侵，也比逃命避难勉强活命强。"天祚帝无言以对，只好赦免耶律大石之罪，并且赐以酒食。

之后天祚帝让耶律大石率兵与金兵交战，但经过几次正面交锋之后，辽军大败，耶律大石被俘。

耶律大石被俘之后，为了能够东山再起，他对金朝言听计从。为了试探耶律大石是否真心臣服于金朝，金朝让耶律大石做向导，带兵前往夹山抓捕天祚帝。耶律大石奉命前往夹山，恰恰天祚帝外出打猎，只抓到天祚帝的儿子，并且搜到辽朝的传国玉玺。金朝这才相信耶律大石。

耶律大石投降之后，阿骨打赏赐了一名女真女子当他的妻子，其目的是监视耶律大石。但这并没有阻止他暗中集结兵力，他暗中集结了七千多名士兵，等到时机成熟之后，耶律大石又率领这些士兵偷偷地从金朝逃走了。

耶律大石西行

耶律大石率领士兵从金朝逃出来之后，又去投奔天祚帝。天祚帝命令耶律大石与金朝决一死战。因为耶律大石所率领的士兵不多，而且后勤没有保障，不可能和实力雄厚的金军对抗，耶律大石便对天祚帝说："金人进攻长春州和东京的时候，陛下没有前往广平淀（今赤峰市翁牛特旗境内，时为辽天祚帝的行宫所在地）反抗金军，反而逃跑到了辽中京；而当上京失守的时候，陛下又跑到南京；辽朝国土逐渐沦陷，陛下一路逃跑，最终跑到夹山避难。当辽朝有军事储备的时候，陛下不考虑出战，反而一退再退，导致大好河山都被金兵占领了。如今国家到了这个地步，陛下才想出兵作战，这不是好计策。我们应该养兵蓄锐，等待时机，不能轻举妄动。"辽天祚帝听了之后，火冒三丈，把耶律大石骂了一顿。

经过慎重的考虑之后，耶律大石决定离开天祚帝，找一块金、宋和西夏三国都管辖不到的地方，积聚实力，光复大辽。于是耶律大石连夜整顿兵马，前往漠北。在西北重镇镇州辽朝曾经建立了一座可敦城，这是辽朝的战略后方。耶律大石从小生长在中原汉地，他按照大概的地理方位，就带着自己的部下去寻找可敦城。

他们一行人先过大青山，再过黑水，到达了白鞑靼部。白鞑靼部热情地款待了耶律大石一行人。他们在这里停留了几天之后，洗去征尘，继续北上。当耶律大石离开的时候，白鞑靼部赠送给他四百匹骏马和二十头骆驼。对于耶律大石而言，骏马和骆驼为他们横穿沙漠带来很大的帮助。

耶律大石率部北上,经过多日的长途跋涉,终于来到了辽朝最北边的领土可敦城。当时可敦城还有辽兵防守。在耶律大石到达前一年,天祚帝侥幸逃脱的儿子耶律雅里到了此地,被部将拥立为帝。可惜,耶律雅里短命,不久就去世了。他的继承人很快也被杀死了。所以,可敦城的这支辽兵变成了一支孤军。而耶律大石的到来,给这支孤军带来了希望。

耶律大石得到可敦城之后,重振契丹雄威,召集了万名精兵,自立为王。

西域建国

耶律大石明知天祚帝昏庸无能，为了复国，还是尊天祚帝为君主，以此号召可敦城里的辽军，恢复江山，再造社稷。耶律大石在可敦城待了五年，休养生息，积聚力量。与此同时还派遣使者去联络鞑靼和西夏。

因为金朝的战马除了本地自产之外，主要靠鞑靼提供。而耶律大石成功笼络了鞑靼，鞑靼拒绝给金朝提供战马，便断绝了金朝一部分的战马来源。积蓄一定力量后，耶律大石还对金发动了试探性的进攻，攻占了金的北部二营。金太宗这才认识到问题的严重性，他派降将耶律余睹为先锋，率女真、汉军百万精兵，进攻耶律大石。

耶律余睹奉旨率兵出发，攻打耶律大石。由于部队没能成功跨过沙漠，加上西北各族部落并不配合金朝的这次进攻，因此耶律余睹还没到达可敦城就退回来了。金太宗再次让耶律余睹率精锐部队两万余人，气势汹汹地进攻可敦城。但当金军到达可敦城的时候，耶律大石已经弃城而走了。

在耶律大石看来，西域是一个积蓄力量的好地方。当时的西域有三股势力：高昌回鹘占据了天山南北，乃蛮部分布于阿尔泰山两侧，黠戛斯部生活在唐努乌梁海一带。

耶律大石认为高昌回鹘是一个强大的民族，现在虽然日渐衰弱，但是仍然不可小觑。乃蛮部也一样，具有发达的文明。只有黠戛斯仍然是游牧民族，文明程度、生产水平相对前两者比较低下，所以耶律大石将黠戛斯人定为主要进攻对象。只要打败黠戛斯人，占领黠戛斯人的地盘，耶律大石就可以在西域站稳脚跟，东山再起。

但他没想到的是，黠戛斯人骁勇善战，耶律大石的部队并没有占到便宜。于是耶律大石率领部队穿越阿尔泰山，到达了叶密立城（今新疆的额敏县）。依傍这里的水清草肥，适合农牧的天然优势，他们在叶密立城安营扎寨。之后附近的部落纷纷投奔耶律大石，特别是当地一万多名的游牧契丹人前来投奔，耶律大石的军事力量得到增强。

1132年，耶律大石在群臣的拥立下，即位称帝。被尊为天佑皇帝，年号"延庆"，同时根据当地突厥人的习惯，他的突厥称号叫"菊儿汗"，即"众汗之汗"的意思。这样，耶律大石在遥远的西陲再一次复兴了大辽。

血战卡特万

耶律大石驻扎叶密立城之后，声名远扬。当时虎思斡汗国长期受到周围部落的袭扰，其统治者派遣使者前往西辽，希望受到耶律大石的庇护，归附西辽。于是耶律大石不费吹灰之力得到了虎思斡汗国，并将虎思斡汗国的都城巴拉沙衮变成西辽的都城，并且改名为虎思斡耳朵。

耶律大石治国有道，不断扩大西辽的疆域。在扩张的过程中，他所面对的是西喀喇汗国。西喀喇汗国曾经在统治者易卜拉欣的带领下，长期称霸于中亚两河，经历几代统治之后，国家动荡不安，这给西辽提供了可乘之机。两国不可避免地进行了一场战争。这一仗下来，西辽军威大振，西辽大军却没有选择一鼓作气追击下去，而是在费尔干纳地区整补，以待更好的时机。

在西辽军整补的四年期间，葛逻禄人与西喀喇汗国发生了冲突。西喀喇汗国自知兵力不足，就向塞尔柱土耳其苏丹桑贾尔求助。西喀喇汗国联合桑贾尔统领的兵力讨伐葛逻禄。于是葛逻禄为求自保向耶律大石求援。

耶律大石写信给桑贾尔，希望他饶过葛逻禄人，以和为贵。但是桑贾尔狂妄自大，在使者捎来的回信中，夸耀他的军队可以用箭截断胡须，以此来说明士兵箭法的精准。于是，耶律大石命人将使者的胡须拔下一绺，让使者拿着针去截断胡须，毫无疑问，这是不可能的事情。

如此，耶律大石戳破了桑贾尔的自大谎言，便知道两国之间的战争已经不可避免。于是他积极备战，两军在撒马儿罕城以北的卡特万草原决战。桑贾尔大军十万，耶律大石只有两三万的士兵。为了鼓舞军队士气，耶律大石慷慨激昂地说："战士们，不要怕，作为你们的菊儿汗，将会带领你们取得无上荣光。敌军数量众多，但是有勇无谋，所以我们一定能战胜他们。"

耶律大石把军队分成三路，自己亲率中军，西辽名将六院司大王萧斡里剌指挥右军，枢密副使萧查剌阿不指挥左军。桑贾尔所率领的联军也兵分三路，桑贾尔自领中军，他的宰相指挥左军，一个附属国的国王率领右军。

耶律大石对阵桑贾尔，大石的右军对阵联军的左军，大石的左军对阵联军的右军。卡特万是一片依山的缓坡，山中间还有一道峡谷。耶律大石充分利用了这道峡谷，把自己的中军布置在峡谷前面，左右两军分列两边，背靠着峡谷作战。

进入战斗之际，联军的左军猛攻大石军队的右翼，而双方的中军陷入僵持之中。这样，大石的右军与中军、左军之间拉开了一个缺口。联军的左军插入到大石的右军和中左军之间。大石军队把联军三军都包围在这个缺口之中，导致联军三面受敌，而前面是峡谷，联军无路可走，只能冒险进入峡谷。联军几万人马一起进入狭窄的峡谷，任由大石军队宰杀。这一仗，桑贾尔率领的联军伏尸数万，此后一蹶不振。

卡特万战争使得耶律大石威震中亚细亚，稳固了西辽在中亚的地位。不仅如此，卡特万是中亚细亚战争史上比较著名的战役，这场战争对中亚细亚甚至整个欧洲大陆都产生了深远的影响。

西辽感天太后

西辽德宗康国十年（1143），耶律大石驾崩。耶律大石死后，其子耶律夷列年轻，无法胜任朝政，因此由耶律大石的皇后萧塔不烟代理国事。

耶律大石的死讯第二年传到了金朝，金朝一直把西辽视为心腹大患，但是由于西辽处于偏远沙漠地带，距离金朝遥远，金朝不可能长途跋涉，横跨沙漠攻打西辽。因此，金朝趁着耶律大石去世之际，西辽处于政权交替状态，决定对西辽残余势力进行招抚，并派粘割韩奴出使西辽。

粘割韩奴认为西辽不过是一个小国，因此他见到感天太后的时候，并没有对感天太后行礼。感天太后便让侍从上前询问粘割韩奴："见了太后，为何不下马？"

粘割韩奴傲慢地回答："我是金朝使者，奉天子之命来招降西辽，你立刻下马，听我宣读皇帝诏书。"感天太后见粘割韩奴如此狂妄无礼，勃然大怒，反驳道："你作为金朝使者前来西辽，只是想逞口舌之快吗？"

粘割韩奴的傲慢行为最终引来了杀身之祸。感天太后派人把粘割韩奴拉下马来，命他下跪，但他依然口出狂言："大胆反贼逆子，大金朝天子特意派我来招降，你应对我以礼相待才是，竟敢这样侮辱天子的使臣。"感天太后听了更加怒不可遏，下令杀掉了粘割韩奴。感天太后把金朝来使斩杀了，间接地说明了当时西辽朝力强盛。

当时西辽都城虎思斡耳朵一带，人口有六十万之多，这已经算是规模庞大的大都市了。这么多数量的人口，必然需要国泰民安和社会经济的长期发展才能实现,这与耶律大石和感天太后的治理有方有密切联系。

感天太后执政期间,稳定和延续了西辽的政治制度,对于西辽的文化和制度的发展起到了积极的作用。执政七年之后,她就把西辽的政权还给了耶律夷列。金海陵王天德三年(1151),耶律夷列改元绍兴,是为仁宗。

西辽承天皇后平乱

仁宗耶律夷列在位十三年之后去世，仁宗遗诏交代：由于儿子耶律直鲁古年幼，由仁宗的妹妹承天皇后耶律普速代理国事。

承天皇后执政期间，葛逻禄人经常在河中地区惹是生非，造成社会秩序的混乱。崇福元年（1164），承天皇后发布诏令，将布哈拉与撒马尔罕的葛逻禄人全部迁往东部喀喇汗王国的领地喀什噶尔（今新疆喀什噶尔地区）。当他们到达喀什噶尔后，禁止携带武器，并且强迫他们改为农业生产。西辽如此贸然地强迫葛逻禄人由游牧掠夺的生活改为农业种植的生活，激起各地葛逻禄人的反抗。

于是葛逻禄人联合进攻布哈拉，布哈拉长官穆罕默德·伊本·奥玛尔对葛逻禄首领说："你们进入这个国家仍然进行掠夺，你们对这样的行为不感到羞耻吗？如果你们放弃杀戮，我就给你们支付金钱。"布哈拉长官通过这样的谈判来拖延时间，从而使葛逻禄人放下戒备。当西喀喇汗国的大军前来支援，两军联合攻打葛逻禄人，大获全胜。葛逻禄人在河中地区的势力由此而衰落。

承天皇后治国有方，在她掌权之后，对西辽的附属国加强控制，并且征收了更多的赋税。而此时花剌子模的势力正在逐渐壮大，威胁到西辽的统治。崇福七年（1170），承天皇后联合西喀喇汗国，准备讨伐花剌子模。而在伊尔·阿儿斯兰汗的领导下，花剌子模集结军队，同时联合残余的葛逻禄人，准备迎战西辽。

在阿姆河，双方进行了一场激战，最终花剌子模被西辽联军战败。不久，花剌子模的伊尔·阿儿斯兰汗去世，其子苏丹沙赫继承汗位。阿儿斯兰汗之兄特克什想要篡位，于是他投奔西辽寻求援助，保证自己当上花剌子模的国君后，每年如期向西辽进贡。这正合西辽的国家利益，于是承天皇后命令丈夫萧朵鲁不率军护送特克什回花剌子模，并册封他为东平王。

崇福十四年（1177），承天皇后被政敌所杀，结束了十四年的统治。之后仁宗次子耶律直鲁古继承皇位。在耶律直鲁古的统治期间，西辽逐渐走向衰亡。

花剌子模反抗西辽

耶律直鲁古即位之后，西辽朝力衰弱。但为了继续维护西辽的统治，耶律直鲁古连年对外征战。耶律直鲁古与呼罗珊地区的古尔王国进行的战争中，西辽军大败。从此，西辽的附属国开始脱离其统治。

花剌子模特克什汗去世之后，摩诃末继承汗位。在摩诃末的统治之下，花剌子模的国力日益增强，甚至停止向西辽进贡。耶律直鲁古派宰相马赫穆德巴依前去花剌子模追讨贡物。马赫穆德巴依到花剌子模的时候，摩诃末正在准备率军北伐游牧部落钦察。如何对待西辽宰相，摩诃末犹豫不决。如果摩诃末以礼接待西辽宰相，他不甘心依附于西辽；如果摩诃末对西辽进行驳斥，他害怕两国交战，影响北伐钦察的计划。摩诃末权衡利弊，决定请他的母亲图儿罕可敦接待马赫穆德巴依。

图儿罕可敦处事圆滑，她隆重地接待了西辽宰相马赫穆德巴依，并且如数缴付了年贡。为了表达歉意，并且表明归附于西辽的忠心，图儿罕可敦派遣花剌子模的贵族，随同马赫穆德巴依到虎思斡耳朵朝拜西辽皇帝。马赫穆德巴依知道花剌子模虚伪的样子，他推测花剌子模的统治者今后恐怕有二心，不再纳贡了。果然如马赫穆德巴依所料，摩诃末率军北伐钦察大获全胜，班师回国就不再向西辽纳贡，并且他把河中地区作为下一步扩张的目标。

河中地区是西辽附属国西喀喇汗国的领土。两国一直以来都保持良好的外交关系。西喀喇汗国每年向西辽缴纳一笔贡赋，而河中地区也经常驻扎着西辽的军队。不过西辽的日益衰败，使得朝廷也不能有效地控制附属国。驻扎在河中地区的西辽军军纪败坏，经常扰乱河中地区百姓生活，导致河中地区民众怨声载道，这给花剌子模向河中地区的进攻提供了有利条件。

花剌子模进攻河中地区，俘虏了西辽大将塔阳古，西辽就丧失了对河中地区的控制。而这时候回鹘高昌王国也杀死了西辽的少监，归附于蒙古。至此，西辽的附属国不复存在，西辽朝力衰弱到了极点。

屈出律谋权篡位

成吉思汗在统一蒙古的过程中，率军打败了乃蛮部。乃蛮部的太阳汗战败而亡，乃蛮部太阳汗之子屈出律走投无路，投奔了西辽。耶律直鲁古根本没有意识到蒙古的快速崛起，并没有把蒙古的一系列活动放在眼里，继续与蒙古为敌。耶律直鲁古不仅接纳了屈出律，并且把女儿浑忽公主嫁给了屈出律。

花剌子模进攻河中地区，塔阳古被俘之后，屈出律向耶律直鲁古提出建议，让屈出律召集草原上残余的乃蛮部和克烈部，以此来增加西辽兵力。因为屈出律一直对乃蛮部存有余念，所以屈出律的这个建议包藏私心，他实际想用召集到的军队来夺取西辽政权。屈出律凭借乃蛮太阳汗之子的身份，得到乃蛮部和克烈部残党的积极响应，召集到了两万多的兵马。

屈出律率领这支部队回到西辽领地，进行抢劫杀戮。同时他暗中勾结花剌子模，与花剌子模军队约定，东西夹击西辽，从而两军妄想瓜分西辽领土。屈出律劫掠乌兹干，逼近虎思斡耳朵，耶律直鲁古积极抵抗，最终大败屈出律。屈出律带着残兵退回北方草原。

天禧三十四年（1211）秋，耶律直鲁古外出狩猎。屈出律得知消息之后，率领军队进行突袭，活捉了耶律直鲁古。耶律直鲁古被俘，不仅结束了他三十四年的统治，而且终结了耶律氏对西辽的统治。

屈出律夺取西辽政权之后，便自立为帝，是为喀喇契丹。他将耶律直鲁古"尊"为太上皇，早晚假惺惺地问候他的起居生活，以此利用末帝来稳定自己对西辽的统治。两年后，即1213年，耶律直鲁古忧愤而死。

屈出律娶了西辽的浑忽公主之后，就改变了宗教信仰，由基督教改为佛教。屈出律改信佛教之后，大力推广佛教，打击其他教派。屈出律强制推行宗教的政策很快激起境内人民的反抗。

铁木真知道屈出律建立政权之后，派蒙古大将哲别率军讨伐屈出律。屈出律战败，走上了逃亡之路。当他进入巴达哈伤（今塔吉克斯坦与阿富汗交界处）的时候，被当地人擒获，进而被献给了蒙古军。1218年，蒙古军杀死了屈出律。至此，西辽完全灭亡。

从耶律大石建立西辽政权到西辽被蒙古军灭亡，辽朝政权又延续了九十四年。但是西辽的灭亡，也使得契丹这一民族逐渐消亡，融入了中华民族的大家庭之中。

金朝：白山黑水间崛起的王朝

"生熟"女真

女真族是中国最古老的民族之一,这个民族最早可以追溯到先秦时期,当时被称为"肃慎"。魏晋南北朝的时候,它被称为"勿吉"。实际上,"肃慎"和"勿吉"都不是这个民族的自称,而是因为这个民族位于西边的东胡民族系统,这两个称谓表明这些人世世代代居住在东部地区(指代今中国东北、朝鲜半岛以及俄罗斯远东地区)。隋唐的时候,这个民族被改称为"靺鞨"。靺鞨原本有七个部落,后来粟末靺鞨和黑水靺鞨这两个部落发展最为强盛。

粟末靺鞨曾经建立了渤海政权,渤海国创立了自己的文字、礼仪制度,国家一度繁荣强大,渤海国传位十余代,后来被辽太祖耶律阿保机灭国,渤海国由此成为辽朝的领地。

粟末靺鞨建立渤海政权的时候,黑水靺鞨位于粟末靺鞨的北边,它仍然效忠于原来的高丽王朝。唐朝的时候,黑水靺鞨惨败于唐军,于是黑水靺鞨开始臣服于唐朝。安史之乱以后,唐朝由盛转衰,由于黑水靺鞨与粟末靺鞨同源,黑水靺鞨转而投靠了粟末靺鞨建立的渤海国。辽朝灭掉渤海国之后,黑水靺鞨又臣服于辽朝。自此,黑水靺鞨改族名为"女真"。到了辽兴宗耶律宗真时期,为了避其讳,所以有的史籍又将"女真"记载为"女直"。

在辽朝的统治时期,辽朝统治者为了削弱女真的力量,对女真采取分而治之的统治政策。一部分女真人被迁往辽阳及其以南地区,编入辽朝户籍,进行征收税赋。这部分女真人慢慢地接受辽朝和中原两地文化,过着农耕生活，这部分女真人被称为"熟女真"。但是还有一部分女真人留在白云黑水的东北之地，仍然维持着本民族的风俗习惯，从事着农业和渔猎生产，他们只给辽朝进贡，不纳入辽朝户籍，这部分女真人被称为"生女真"。

生女真人过着艰苦的狩猎生活，练就了强壮的体魄，由此生女真人慢慢地成为一个强悍的民族，他们深受辽朝人的贡赋剥削之害，不可能永远居于被统治地位。

女真始祖函普解怨

根据《金史》记载，有一个名叫函普的高丽人带领女真民族走出原始的生活状态。当时，生女真有许多部落。其中完颜部落生活在按出虎水（今黑龙江哈尔滨东南阿什河）一带。生女真部落之间一直为了生存问题，抢夺粮食、栖息地等资源，部落之间经常发生争斗。有一次，完颜部落和其他部落在争斗的时候，杀死了另一个部落的一个人，这两个部落由此结下仇恨。

函普六十多岁的时候，孤身一人从高丽进入生女真部落。高丽是一个比生女真族文明程度高的地方，但由于函普为人和善，和生女真人相处融洽。因此，完颜部的人就对函普说："我们的部落经常和其他部落发生争斗，我们已经厌倦了这样没完没了的仇杀。但是我们又找不出一个停止仇杀的解决办法。您是外人，又从高丽而来，能否给部落解决一下积怨，使两族不再互相残杀。如果您能做到的话，我们部落有一位六十岁的女人，聪明贤惠，还没有出嫁。我们准备把这位女子嫁给您，您就正式成为我们部落的成员了。"

函普听完，爽快地答应了。他来到那个部落进行调解，对他们说道："完颜部杀了你们一个人，你们就立刻进行复仇。这样两个部落争来争去，两败俱伤。不如这样，你们只惩罚首乱者一人，然后让他们部落赔偿你们东西。这样的话，不但避免了争斗，还能从中获利，何乐而不为呢？"那个部落的人听了之后，觉得非常有道理，就答应了这个解决办法。

之后，函普又对他们约定："如果今后哪个部落的人被其他部落杀害，就让他们赔偿黄金六两、母牛十头、马二十四。并且杀了人，就要去给人家当儿子，以此来赎罪。赔偿以后，大家就不能再有私斗。"函普定下这个规矩之后，各部落皆不再发生斗争。生女真族由一个没有规章制度的部落变成了一个信守诺言的部落。

函普解决了部落之间的恩怨，因此他如愿娶了完颜部这位六十岁的女子，并且由于函普具有很高的声望，深得完颜部人们的尊重。后来，函普一直生活在完颜部，子孙繁衍，完颜部逐渐强大。

女真完颜部的崛起

函普第五世孙石鲁当上女真完颜部首领的时候，辽朝正处于辽圣宗统治期间。因为辽朝的繁荣鼎盛，完颜部选择同其他女真部落一样成为辽朝的属部。辽圣宗任命石鲁为惕隐，即部落首领，执行管理部落的权力。石鲁则通过辽朝这一后盾，逐步开始兼并其他生女真部，发展壮大完颜部的势力。

石鲁死后，他的儿子乌古乃担任完颜部的首领。乌古乃通过与邻国商人交易，获得大量铁器，从而迅速提高了完颜部的生产力和战斗力，逐步实现了女真的统一。乌乃古病逝之后，由他的儿子刻里钵继承完颜部首领。面对生女真部落其他三个劲敌——乌春部、桓赫部和散达部，刻里钵凭借非凡的智慧和勇气，一举歼灭三个部落的联军，从而基本确立了完颜部在女真部落中的霸主地位。由于刻里钵常年鞍马劳顿，他在回师途中身染重病而死。刻里钵死后，由刻里钵的弟弟盈歌作为完颜部新的首领，继续为统一女真而征战四方。

海东青是一种鹰隼类的猛禽，它被驯化之后，能在空中搜索猎物。海东青一旦发现猎物，就会在上空盘旋，等待猎人前来围猎。但是海东青只出现在女真部落，因此，女真人将捕捉到的海东青送到辽朝上贡，这条上贡海东青的道路，被称为鹰路。当时的辽朝皇帝沉迷于游乐打猎，海东青的需求日益增大。而朝廷专门派出的捕鹰者，即"银牌天使"经常通过收鹰在女真部落胡作非为，因此遭到女真人的反抗，而女真部落中的纥石烈部更是整个部落阻断鹰路，反抗辽朝。

盈歌自告奋勇，主动向辽朝请缨，重新开通鹰路，讨伐纥石烈部。盈歌主要想借机消灭纥石烈部。而辽朝皇帝也希望让女真互相攻伐，削弱对方实力，而不用朝廷出力就达到重新开通鹰路的目的。

完颜部通过重开鹰路，进一步取得了辽朝的信任，而完颜部以开鹰路的幌子，消除了完颜部统一女真的障碍，并不断招兵买马，逐渐扩大了部落的势力。

盈歌死后，由他的侄子乌雅淑继承部落首领，生女真部落的力量进一步强大。乌雅淑在位十一年后去世，由他的弟弟阿骨打继位，女真从此开始正式登上历史舞台。

拒舞头鱼宴

阿骨打从小就显得与众不同。传说阿骨打出生的时候，天空出现一片片的彩云，林中的野兽嚎叫狂欢。

阿骨打长大之后，善于骑射，英勇无比。有一次，阿骨打与完颜希尹去辽朝办事。辽朝按照惯例设宴招待女真使者。酒酣之际，辽朝贵族邀请女真使者玩双陆游戏。阿骨打非常精通双陆游戏，辽朝贵族不是阿骨打的对手。于是辽朝贵族故意耍赖，输了游戏之后，还对阿骨打出言不逊。阿骨打不禁大怒，拔下身上的佩刀想要刺杀这个贵族。完颜希尹害怕阿骨打把事情闹大，立刻抓住了刀鞘。阿骨打年轻气盛，没有就此罢手。他用刀柄对准这个贵族的胸膛狠狠扎去，以示对贵族的惩罚。辽朝贵族咽不下这口气，要求杀掉阿骨打。

由于这是阿骨打与辽朝贵族的个人纠纷，辽朝考虑到因为这种小事就杀人，会引来非议，不利于边疆稳定，因此阿骨打才能够平安返回部族。阿骨打的这次行为虽然鲁莽，但他不怕辽朝的威势进行反抗，受到了女真人的赞扬。

天庆二年（1112），天祚帝来到春州（今吉林扶余他虎城）、鸭子河（今吉林月亮泡以东、黑龙江肇源以西的一段嫩江）等地凿冰钓鱼。按照辽朝的习俗，河里打上来的第一网鱼，皇帝与文武百官、各族首领一起开宴品尝，这叫"头鱼宴"。

在宴会上，天祚皇帝与群臣开怀畅饮。酒酣之际，他命令各族首领唱歌跳舞。轮到阿骨打的时候，他拒绝给天祚帝跳舞。人们议论纷纷，都劝说阿骨打跳舞，不要扫了皇帝兴致。不管别人怎么劝说，阿骨打坚决不给天祚帝跳舞，最后头鱼宴不欢而散。

宴会结束后，天祚帝对枢密使萧奉先说："阿骨打在头鱼宴上意气雄豪，这样的人得找个借口杀掉他，以绝后患。"萧奉先回答："阿骨打不懂礼仪，只是一个粗人。如果他没有犯大的过错就把他杀了，恐怕以后难以让女真人归顺朝廷。而且女真族是一个小部落，阿骨打不可能有所作为。"天祚帝觉得这话有道理，就没有深究这件事情了。

阿骨打在头鱼宴上受到侮辱之后，心中愤愤不平。他又得知天祚帝对自己有所怀疑，因此加紧了反抗辽朝的准备。

涞流水誓师

阿骨打决定反抗辽朝,但是他不知道辽朝真正的实力,因此他一直没敢轻举妄动。他派完颜习古乃和完颜银术可到辽朝索要一个叫阿疏的女真人。以索要阿疏为由,其真实的目的,一方面是探听辽朝内部虚实,另一方面是激化女真人与辽朝的矛盾,为女真人反辽找一个充实的借口。

阿疏是一个女真部落的首领,由于完颜部在清除鹰路的过程中,吞并了阿疏的部落,阿疏向辽朝求援。完颜部落以阻断鹰路威胁辽朝,因此辽朝并没有插手这件事情。之后,阿疏逃到辽朝避难。完颜部落多次向辽朝索要阿疏,但是辽朝都没有理会。

辽天庆四年(1114),完颜习古乃和完颜银术可从辽朝回来向阿骨打汇报情况,辽天祚帝只知道饮酒打猎,不理朝政,奸臣当道,整个朝廷已经腐朽不堪,因此女真可以举兵伐辽了。阿骨打听了习古乃和银术可这番话后,对反辽更加有信心了。因此阿骨打召集两千五的精兵来到涞流水(今黑龙江与吉林间拉林河),在这里举行誓师反辽大会。

阿骨打率领所有人祭拜天地神灵,慷慨激昂地控诉辽朝统治者的罪状。他说:"我们女真人世世代代侍奉辽朝,恭敬地给他们献去贡品,甚至为辽朝平定叛乱。我们本来有功于辽朝,但是辽朝统治者昏庸无道,不但不给我们记功,反而日益欺压我们女真人。我们多次向辽朝索要女真罪人阿疏,他们从来不予理会。现在我们女真人要发兵向辽朝问罪,希望天地神灵能够保佑我们。"

祭拜完天地神灵之后，阿骨打发给将领每人一个棍棒，然后他带领大家一起站在高处发誓："今日反辽，你们要齐心协力。如果在战争中立功，奴隶可以升为平民，平民可以提拔升官。奖励轻重，全看功劳大小。如果有谁违背誓言，立刻乱棍打死，家属也不轻饶。"众将士纷纷起誓，全场欢声雷动。

这就是历史上著名的"涞流水誓师"。阿骨打召集反辽誓师大会的时候，不过二千五百余人。他只用这些人马起兵攻打辽朝，最终灭亡了大辽，这无疑是一个世界战争史上的奇迹。

宁江州大捷

天祚帝接到女真叛乱的消息，他正在游玩打猎的兴头上，所以没有过多重视，只是派遣东北统军司节度使萧挞不野前往宁江州支援。辽朝援军还没来之前，阿骨打先发制人，他命人将女真与宁江州之间的鸿沟填出一条路。

当时海州刺史高仙寿派手下统领耶律谢十带领渤海士兵在边界巡视，正好看见女真人在填鸿沟。这是一次突然的正面碰撞，阿骨打见渤海兵强大，命令部队假装撤退，引诱渤海士兵深入。渤海士兵果然中计，女真将士展开反攻，阿骨打射杀了辽军将领耶律谢十，几乎歼灭了渤海军。

宁江州城内陷入一片恐慌，朝廷派遣的东北统军司节度使还没有到达，海州刺史高仙寿不知所踪，耶律谢十带领的渤海军全军覆没，都统萧兀纳又弃城逃跑了。在这样危急的情况之下，防御使大药师奴骑马出城迎战。但是女真人英勇骁战，这让大药师奴震惊不已，因此他杀出重围重新逃回城里。大药师奴决定带领宁江州剩余的士兵坚守城池以待朝廷援军。

宁江州是辽朝给辽、女真双方提供交易的城池。辽军居高临下，使得女真进攻的行动完全暴露。而且如果辽军提前设防，加上守城的辽军有援军的话，以现在女真人的数量和攻城能力，不可能攻下宁江州。这次负责攻城的主将是完颜娄室，他与他的儿子完颜活女英勇善战，奋力抵抗辽军攻击。在辽军的滚木和箭雨的缝隙之中，完颜活女竟然登上了宁江州的城墙。完颜活女被守城的辽军打成重伤，但他的行为也让女真士气大振。

阿骨打亲自为完颜活女包扎伤口，并赞叹其猛如虎，这令完颜娄室与活女感恩戴德。阿骨打决定在辽军援军到来之前，攻下宁江州。完颜娄室接下这个任务，以报答阿骨打亲手给活女包扎伤口的恩德。

完颜娄室知道上一次宁江州守城弓箭所剩不多，并且援军未到，因此他带领士兵乘势攻城，很快宁江州城被攻破。这时候，女真人都希望阿骨打下令屠城，以血洗之前所受的屈辱。但是阿骨打放了城中渤海人、汉人，甚至契丹人，就连宁江州防御使大药师奴，阿骨打也选择放他生路。之所以这么做，是因为阿骨打知道目前女真人口稀少，只有收买人心，才能拉拢更多的人。果然，捡回一条命的大药师奴愿意招降附近的契丹人来投靠阿骨打。

通过这次宁江州之战，阿骨打进一步壮大了女真的军事力量。

出河店之战

辽朝天祚帝听说女真获得宁江州大捷,他认为这次战役有损辽朝国威,立即召集群臣,商量对策。最后天祚帝派遣都统萧嗣先、副都统萧挞不也率领十万大军讨伐女真。萧嗣先是一个无能之辈,他靠着宫中的姐妹以及兄长萧奉先的关系才在辽朝当了官。萧嗣先率领军队渡过鸭子河(今吉林月亮泡以东、黑龙江肇源以西的一段嫩江),长途跋涉,使得辽军疲惫交加。萧嗣先下令在出河店安营扎寨,并且打算把混同江(即今松花江)上的冰面凿了,以防女真人偷袭军营。

此时的女真军正赶往混同江。临近混同江的时候,阿骨打决定扎营休息。一方面是因为女真人没有夜战的习惯。另一方面是因为阿骨打担心军队长时间行军过于劳累。

据说那个夜晚,阿骨打在营帐中休息,他总感觉有人三番五次地扳起他的头。阿骨打睡意全无,起身检查营帐,却无他人。这让阿骨打陷入沉思,忽然他有所醒悟,立刻召集所有人。他对众将士说道:"刚刚神灵进入我的营帐,制止了我的熟睡。我们即刻过河战斗。如果我们不听从神灵的警告,那么会有大的灾祸。"于是女真将领连夜行军混同江。

阿骨打惊奇地发现辽军此时正在凿冰,他不由感谢神灵的眷顾。立即派人偷袭这群凿冰的辽军。趁着大部分的辽兵此时正在睡觉,戒备松懈,阿骨打立即渡河,冲向辽军的营寨。辽军被打了一个措手不及,仓促迎战。

由于双方军队数量悬殊,女真人并没有占太大优势。就在双方激战的过程中，突然大风四起，尘埃蔽天。迎面而来的东北风，使得辽军的眼睛无法睁开，弓箭也不易射出。顺风而战的女真人凭借天赐良机，射杀了大量辽军。辽军兵败如山倒，萧嗣先等辽军将领则落荒而逃。

辽朝得知兵败的消息后，朝中大臣希望严肃整治逃兵，以稳定人心。但是萧嗣先靠自己的姐姐元妃和哥哥萧奉先，仅仅被免去官职。所以，辽朝将士愤愤不平地说："战则有死而无功，退则有生而无罪。"从此，辽军与女真人作战一触即溃，这也是辽朝在短时间内被女真灭亡的重要因素之一。

阿骨打建国

辽天庆四年（1114）七月，阿骨打率兵获得宁江州大捷，这是女真反辽的首次胜利。阿骨打把这次战争中所缴获的耶律谢十的战马献给撒改。撒改派宗翰和完颜希尹劝阿骨打建国称帝。阿骨打认为只是打了一场胜仗而已，不足以建国称帝。同年十一月，阿骨打取得了出河店之战的胜利，并且攻下了宾州、祥州、咸州等地。这时候阿骨打的弟弟吴乞买和撒改等人再次劝阿骨打建国称帝，阿骨打还是拒绝了。投靠女真的汉族知识分子杨朴对阿骨打说："郎主兴兵反辽，经过这几次战役后，现在女真力量强大，如果郎主不建国称帝的话，今后无法号召天下共同反辽，难以笼络人心，这不利于女真族的发展。"

阿骨打听了众人的话，觉得很有道理，便答应建国称帝的请求。辽天庆五年（1115）正月，阿骨打召集女真各部落，进行建国登基。女真祭拜天地神灵与祖先之后，阿骨打站在高台上，群臣献上九件农具，以示皇帝养育人民之意。之后献上良马九队，每队九匹，颜色各不相同，再呈献甲胄兵器，寓意开疆拓土。阿骨打接受群臣的祝贺之后，他说道："'契丹'是镔铁的意思。镔铁坚固，但是终究会坏掉。唯有'金'是不变不坏的。金的颜色发白，完颜部又崇尚白色。所以我们的国号就定为'金'吧。"众人听了赞不绝口。接着阿骨打又说："辽、宋都是有年号的，既然我们已经建国，也要有自己的年号。我们把年号定为'收国'，今年是收国元年。"

◁◀ 辽金元：金戈铁马

阿骨打带领女真族反抗辽朝的统治，建立自己的国家，他锐意进取，将女真族从一个部落改造成一个封建的帝国。从此以后，辽朝的东北边境也多了一个虎视眈眈的劲敌，从而使中国北方的历史进入了一个新的篇章。

勃极烈制和猛安谋克制的建立

大金建国初期,女真人并没有皇权至上的观念和皇位世袭的制度,而是依照完颜部旧时的部落政治体制进行管理。

完颜阿骨打做了皇帝之后,并没有完全改变女真部落的传统。金朝贵族都属于完颜部落,但是分成几大派系,阿骨打只是他这一派的领袖而已,所以阿骨打的皇位没有坐稳,金朝的皇权并没有集中到阿骨打手中。

针对这种情况,阿骨打在中央建立了一种制度,叫做勃极烈制度。勃极烈,又翻译成郎君、郎主。当时在金朝主要有五大勃极烈:阿骨打的弟弟完颜吴乞买为谙班勃极烈。谙班就是"大"的意思,谙班勃极烈即大勃极烈。这意味着,他是皇位的接班人。原来的国相撒改担任国论忽鲁勃极烈,相当于宰相的地位。阿骨打的堂叔辞不失为国论阿买勃极烈。阿骨打的另一个弟弟完颜杲,女真名叫斜也,为国论昊勃极烈。后来又增加了一个大臣叫阿离合懑,为国论乙室勃极烈。这样的一套政治制度,使得中央政权有了简单的分工。

另外,女真人在军事上也有一套完善的制度,叫做猛安谋克制度。三百户为一谋克,十谋克为一猛安。"猛安"翻译成汉语是千夫长的意思,"谋克"翻译成汉语是百夫长的意思。后来金朝仿行汉制之后,把猛安、谋克的级别做了一个规定,即猛安相当于知州,谋克相当于知县。

这套制度的建立使得女真人出则为兵,入则为民,战斗力极强。《金史·兵志》里对女真人的军事制度有过这样一番记载:"金兴,用兵如神,战胜攻取，无敌当世，曾未十年遂定大业。原其成功之速，俗本鸷劲，人多沉雄，兄弟子姓才皆良将，部落保伍技皆锐兵。加之地狭产薄，无事苦耕可给衣食，有事苦战可致俘获，劳其筋骨以能寒暑，征发调遣事同一家。是故将勇而志一，兵精而力齐。"这里明确指出猛安谋克制度的重要性。本来女真族是一个很英勇的民族，但生活却很贫穷。穷则思变，老百姓苦耕、苦战得到衣服和食物，加上猛安谋克制度对民众和军队管理的有效性，使得女真军队的战斗力非凡，也使得完颜阿骨打十年就能够成就大业。

达鲁古城之战

辽朝与女真的宁江州与出河店之战，辽朝战败。此时，天祚帝又听闻阿骨打建国称帝的消息，他惊恐万分，派遣都统耶律斡里朵、副都统萧乙薛和耶律章奴率领二十万骑兵和七万步兵前往达鲁古城戍边。

因为达鲁古城靠近女真完颜部，以此作为辽朝军事重镇，目的是阻止女真的入侵。与此同时，天祚帝派僧家奴与阿骨打求和，在谈判过程中僧家奴以"宗主国"自居，表现傲慢，阿骨打直接拒绝了这次求和。由于这次辽朝突然把主力派往达鲁古城，阿骨打便决定先占领达鲁古城，以此稳定女真部落。

但阿骨打并没有急于与辽朝军队作战，他放慢了前往达鲁古城的行军速度，并且命人召回完颜娄室，与其商定战略方针。而此时辽朝将领已经带着二十七万人在达鲁古城安营扎寨，并且因为有兵力的优势，他们对于阿骨打此次的进攻表现得相当淡定。

阿骨打针对这次达鲁古城战役任命完颜粘罕、完颜斡本两人担任这次中军统帅，右军统帅由阿骨打兄长乌雅淑之子——完颜谋良虎担任，左军统帅由完颜娄室、完颜银术可担任。

辽朝虽号称二十七万大军，但是辽人很久都没有经历过战争，士兵不加操练，加上二十万大军中，有很多强征过来的手工艺匠人，这些未加训练的人完全是一盘散沙。阿骨打虽然只有一万士兵，但都是精兵强将，他决定先派人灭一下辽军的锐气。

右军统帅谋良虎奉阿骨打的命令冲击辽朝左军，左军统帅娄室和银术可，绕道辽中军后面冲击统领大旗，女真将领对辽朝士兵形成包围之势，辽朝士兵顿时阵脚大乱。这时候，阿骨打命令将领冲击辽朝军队最弱的缺口处辽朝左军，经过一番战斗，辽朝左军被击溃逃散，军心大乱，越来越多的辽朝士兵临时当了逃兵。"女真不满万，满万不可敌"的传说此时得到印证。女真军以一万敌二十七万辽军，可以说也是战争史上的一大奇迹。

　　女真取得了这次战争的胜利，但是他们错过了耕种季节，这样女真部族就会面临大饥荒。于是阿骨打就把这次战争俘虏过来的精壮之士补充到女真军之中，弥补了劳动力的不足，加上这些辽人精于耕作，为女真部族带来了先进的耕作工具，在一定程度上也改变了女真落后的状态，提高了女真人的社会发展水平。

进兵黄龙府

阿骨打趁出河店大捷乘胜追击，不给辽朝喘息的机会。在他的率领下，金人接连攻下了宾州和祥州（今吉林农安境内）以及咸州（今辽宁开原市）、达鲁古城等地，在军事上形成了直捣黄龙府的形势。

黄龙府是辽朝镇守东北的重要军事重镇，易守难攻。在正式进攻前，阿骨打首先阻断黄龙府的粮食运输，而后率重兵围困了黄龙府。被女真军围困了近半年之后，黄龙府城内草粮耗尽。

这时阿骨打认为进攻的时机已经成熟，率领士兵攻城。虽然汉人工匠帮助女真人制造了很多攻城利器，女真人强大的骑兵在攻城方面没有优势，攻城变得异常艰巨。

完颜娄室负责攻打黄龙府东南面，亲自督战登城。此时，东南风骤起，娄室决定利用风势，采用火攻。他命令士兵往黄龙府城墙上扔点燃的干柴。火借着风势浓烟滚滚，娄室率兵登上城楼。终于，在娄室的指挥下，金军英勇奋战，黄龙府最终被金朝拿下。

这次攻打黄龙府的艰难程度超出了阿骨打的想象。战争结束之后，阿骨打对其指挥者完颜娄室大加赏赐：奖给了十匹宝马、奴婢三百。并且命人打造了一面"免死铁券"赐给完颜娄室。如果以后犯了死罪，凭此铁券免死一次。这令完颜娄室感恩戴德。

另外黄龙府远离按出虎水，必须挑选一名将领驻守此地，以保障女真部族的安危。经大家商议，完颜娄室是现在驻守黄龙府的最佳人选，于是完颜娄室被派往黄龙府驻扎，因此他也是女真建国之后，第一个被封为万户侯的将领。

海上之盟

女真反抗辽朝以来,宋人一直关注辽金两国战争形势的发展。宋人看见辽军节节败退,就想联合金人共同灭辽,从而收回燕云十六州。

联合金军,收回燕云十六州,是赵良嗣最早提出的计策。赵良嗣的本名叫马植,是辽朝燕京人。他见辽朝腐败不堪,早晚会灭亡,于是投靠了宋朝。他对宋徽宗说:"辽天祚帝腐败荒淫,辽军无法抵抗金军的进攻,辽军败仗连连。如果这个时候从登(今山东蓬莱)、莱(今山东掖县)过海,与女真共同攻打辽朝。辽朝一旦被灭,就可以轻而易举地收复燕云十六州。"宋徽宗听了之后,非常赞赏这个计谋,特意赐其改姓为赵。

宋徽宗采纳了这个建议,并多次派遣使者渡过渤海到金朝商议灭辽事宜。1120年,赵良嗣再次赴金,与金人签订共同灭辽的盟约。

盟约规定:宋金双方合作一起攻打辽朝,金军负责攻打辽朝中京大定府(今内蒙古宁城西大明城),宋军负责攻打辽朝南京析津府(今北京);灭辽之后,燕京等地归宋,宋将原来送与辽朝的岁币转送给金朝。

由于这个盟约是宋金两国使者多次渡过渤海谈判签订而成,所以这个盟约被称为"海上之盟"。

天辅六年(1122)正月,金军攻下了辽朝的中京大定府。天祚帝非常惊恐,慌慌张张地从燕京逃到西京。同年三月,金军又攻下西京大同府,一路进攻下,天祚帝如同丧家之犬,只得不停东躲西藏。

宋军听说金军拿下辽朝的中京和西京两座城池,急忙派军队攻打燕京。

结果，宋军两次出兵都被辽军打得大败。宋军统帅童贯害怕宋徽宗怪罪，派遣使者请求金军攻打燕京。

阿骨打应邀出兵，他把军队分成三路，气势汹汹地杀向燕京。燕京城内的辽军听闻金军攻城，纷纷投降。就这样，辽朝五京全部被金军占领。由于宋人没有按照盟约规定攻打燕京，金人并不想把燕京交给北宋。经过几番交涉，阿骨打答应把燕京及其六州的土地交给北宋，但是宋朝要把其中一百万租税钱交给金朝。对于金人提出的这项条件，宋人商议后就答应了。

天辅七年（1123），阿骨打把燕京及其六州土地交给北宋，率兵北返。在北返途中，阿骨打身患重病，不久就离开了人世。

张觉降宋

完颜阿骨打驾崩之后,根据女真族兄终弟及的传统,由阿骨打的弟弟完颜吴乞买继承皇位。这是金朝第二任皇帝,是为金太宗。

因为金太祖在位的时候,宋金两国关于燕云十六州归还的问题,仍有一定的争议。燕云十六州中的平州是一个军事重镇。宋人多次要求金人归还平州,但是金人一直没有答应这个要求。

担任平州节度副使的张觉看到当时辽朝土崩瓦解,即将灭亡,便趁着平州百姓杀死节度使萧谛里的叛乱之际,招募了士兵五万多人,组建了一支自己的武装部队。金军攻占了燕京之后,准备继续攻打平州。张觉暂时投降了金朝,仍然任平州知州,同时他潜心训练自己的军队以待独立的时机。

天辅七年(1123)四月,金人把燕京及柳州交给北宋以后,押着燕京等地的百姓北返。但是这些百姓不愿意背井离乡。当他们路过平州的时候,便向张觉求救:"您现在手握重兵,管辖平州这么大的地方。希望您起兵恢复大辽,拯救百姓。"张觉听了之后,内心非常触动。因此他召集手下的将士商量对策。将士们都鼓励张觉据地独立,并且希望张觉投靠北宋,以取得大宋的支援。

张觉反金占领平州之后,立刻派人到燕京与北宋将领王安中联络,准备投靠北宋。北宋认为这是一个收复平州的大好机会,所以宋徽宗接受了张觉降宋的请求。金人听说张觉叛变,立刻派兵讨伐张觉,结果被张觉打败。之后金太宗派完颜宗望再次讨伐张觉,张觉兵败逃往燕京,藏在王安中的甲仗库中。

于是，金人谴责宋人背弃盟约、招纳叛徒，让宋人交出张觉。宋人看到金人如此强势，便找了一个跟张觉长得很像的人，杀死后送给金人。结果这一招被金人识破。宋朝不得已，只好让王安中把张觉勒死，把脑袋切下来，给金人送去。

虽然最终宋人按照金人的要求，杀死张觉，金人仍然以宋人违背盟约为由，发动了伐宋的计划。

金太宗灭北宋

天会三年（1125）三月，金人捕获了辽天祚帝，宣告辽朝的灭亡。

而金军与宋军联合攻打辽朝的过程中，北宋统治者的腐败和军事无能的弱点也完全暴露在金人面前。再加上中原地区富饶无比，金人不满足于灭辽的目标，以北宋招纳张觉、违背盟约为借口，兵分两路，大举进攻北宋。

完颜宗翰率领西路军，从云中（今山西大同）出发，攻打太原，遭到太原军民的顽强抵抗，深陷其中，战事没有根本性的突破。阿骨打次子完颜宗望率领东路军，从平州（今河北卢龙）出发，攻打燕京。这时候，北宋的燕京由郭药师的"常胜军"把守。金人索要张觉，宋人便杀了张觉献给金人，以此想平息事端。其余跟随张觉投降的士兵害怕金人再次索要，落得像张觉一样的下场，因此在完颜宗望攻城之前，他们就向金人投降了。

由于郭药师到过北宋首都东京（今河南开封），他对北宋山川地理十分清楚，便引领金军长驱南下，迅速攻打到黄河北岸。守卫黄河的北宋将领梁方平看到金军旗帜，赶忙烧掉浮桥逃跑。

宋徽宗听说金军越来越近，十分害怕，一头跌倒在床头。醒来之后，便把这个烂摊子推到年轻无经验的儿子身上，他立刻传位给钦宗，自己做了"太上皇"逃到镇江去避难。

靖康元年（1126），金军包围了东京。北宋主战派李纲团结人心，多次击退金军的进攻。河北、山东等地的义军纷纷前来支援，北宋抗金的形势有所好转。但是，宋钦宗无心抗战，又派使者与金议和。

完颜宗望知道孤军深入，难以灭宋，就答应了宋军议和的要求。宋钦宗同意把太原、中山（今河北定县）、河间（今河北河间）三镇割让给金朝。

金军北撤之后，按照和议条件去收取太原、中山和河间三镇。三镇军民誓死抵抗，坚决不愿意做金朝臣民。所以金人又以宋人不交割三镇为借口，对宋发动了第二次进攻。

金军第一次攻宋撤退之后，北宋朝廷以为天下太平了，立刻遣散了义军，罢免了李纲。所以金军的这一次进攻，东京城内一点作战准备都没有。宋钦宗只好让郭京去招募军队。不管年龄大小、身体强弱，郭京将这些人一律充军。结果金军刚攻城，这些宋军纷纷溃败，郭京也逃得无影无踪，金人毫不费力地占领了东京。

天会五年（1127）四月，金军俘虏了宋徽宗、宋钦宗和大量的金银财宝返回北方。北宋宣告灭亡。

金熙宗改革

金太宗完颜吴乞买在位的时候,他想培养自己的儿子完颜宗磐继承皇位。他的这种行为背离了女真族兄终弟及的传统,所以完颜宗磐遭到了所有女真贵族的反对。当时的宗室完颜宗翰、完颜宗干联手排挤完颜宗磐,阻止他继承皇位。

完颜宗翰官至右勃极烈,掌管南方枢密院,并且手握军权,在朝廷中拥有很大的势力。他利用手中的权力对金太宗施压,迫使金太宗立完颜亶为皇位继承人。完颜宗翰之所以立完颜亶,是因为他认为完颜亶是一个小孩子,比较容易控制,有利于自己更好的控制朝局。

但是完颜亶从小饱读汉人诗书,倾心汉化。完颜亶当上皇帝之后,他就想废除女真族之前的勃极烈制度,以此削弱女真贵族的力量。所以,完颜亶继位之后,仿照辽宋的汉官制度,在中央设立三公,即太师、太傅和太保。三省,即尚书、中书、门下以及六部和御史台等汉人机构。

金熙宗首先要解决完颜宗翰对自身的威胁。他提拔完颜宗翰为太保、领三省事,封晋王。如此一来,完颜宗翰看似明升,实则暗降,他的军权被剥夺了。天会十五年(1137),金熙宗以贪赃罪杀了完颜宗翰的亲信高庆裔,并逐渐疏远了完颜宗翰,不接受他的请辞。完颜宗翰受到这个沉重的打击之后,整天郁郁寡欢,不久就离开了人世。

而完颜宗磐作为金太宗的长子,有直接继承皇位的权利,所以他对金熙宗的即位非常不满。他便和自己的堂叔完颜昌联合起来,以交还南宋河南、陕西等地为条件,从而取得南宋的支持。金熙宗给他们定了卖国大罪,处以死刑。

这些举措实施之后,金熙宗终于扫清了威胁皇权和改革道路上的障碍,他全面推行汉官制度。金熙宗将带有女真特点的猛安谋克制度进行了整改,废除了东北地区汉人和渤海人的猛安谋克。他又把大量的猛安谋克迁入中原,建立屯田军,将猛安谋克基本上纳入了地方州县系统。金熙宗还仿照辽宋制度,命令朝中文武百官穿上代表官位高低的官服,在社会上形成了一股欣欣向荣的改革风气。这一系列的改革对女真人的汉化和金朝的发展都起到了促进作用。

完颜亮弑君篡位

金熙宗完颜亶是金太祖的嫡长孙，当时完颜亶的父亲完颜宗隽死后，按照女真族"兄死妻嫂"的习俗，完颜亶的母亲唐括氏带着完颜亶改嫁给完颜宗幹，所以完颜亮的父亲就成了完颜亶的继父。完颜亮比完颜亶小三岁，两人从小亲密无间，一起读书玩耍。

完颜亶继承皇位的时候，群臣高呼万岁。完颜亮非常羡慕完颜亶拥有这样无上的权力和地位，不由地燃起一种取而代之的愿望。为了让自己当上皇帝，完颜亮极力讨好完颜亶，希望之后按照女真"兄终弟及，复归其子"的继承方式，早日继承皇位。但是完颜亶并没有遵循女真的旧俗，皇统二年（1142）二月，完颜亶把皇后裴满氏所生的儿子济安立为太子，完颜亮的希望一下子破灭了。

但是济安生下来十个月就夭折了，这使完颜亮又看到了新的希望。他看到皇后裴满氏专权乱政，就立刻依附皇后。也正是由于皇后裴满氏的专权，完颜亶由一个励精图治的皇帝，变成了一个暴君。他总是靠饮酒、杀人来发泄自己的苦闷。

就这样，在完颜亶的暴政下，金朝人人自危。皇统九年（1149）完颜亮过生日的时候，完颜亶特意派大兴国前去送礼祝贺，皇后也暗中备上一份厚礼让大兴国同时带去。完颜亶得知这件事情之后，重罚了大兴国。完颜亮知道完颜亶怀疑他和皇后的关系之后，怕惹祸上身，所以完颜亮决定用武力先行除掉完颜亶。

当时朝中的两位丞相唐括辩和完颜秉德也想除掉完颜亶，因此完颜亮联络了他们谋划叛变。与此同时，完颜亮对大兴国说："完颜亶暴虐无道，人人自危。我生日的时候，皇后让你给我带礼物，结果被他知道之后，打了你一顿。实际上你也被怀疑了，不知道什么时候会被他杀掉。与其等死，还不如我们联手一起把他杀了，谋一番大事业。"这样，完颜亮得到了大臣们的支持，又有了皇帝身边的侍卫做内应，此时完颜亮便等待时机发动政变。

皇统九年（1149）十二月初九，完颜亮收买了宫中的侍卫，顺利与唐括辩、完颜秉德等人进入完颜亶寝宫。完颜亶睡梦中感觉到有人进屋，想抽取床边的佩刀进行抵抗，没想到大兴国趁着完颜亶睡觉的时候，已经偷偷地把佩刀拿走了。年仅三十一岁的完颜亶在毫无抵抗力的情况下，被众人乱刀刺死。

完颜亶一死，完颜秉德、唐括辩等人表示拥立完颜亮为帝，跪下山呼万岁。完颜亮终于如愿继承了皇位，成为金朝第四代皇帝，即海陵王。

海陵王迁都

海陵王完颜亮继位之后，杀了政变的同谋者完颜秉德、唐括辩等人，但同时他又杀了宗室子弟七十多人，削弱了女真贵族的势力，以巩固其统治地位。

海陵王执政期间，继续推行汉化的改革政策。他废除了中央负责决策的中书、门下两省，只保留尚书省。在地方上，他废除了行台尚书省，把全国分为五大京路和十四总管府，政令统一由朝廷发布。

金朝疆域辽阔，但是国都上京会宁府地处偏远北方，交通不便，因此海陵王认为迁都至中原汉地，才能更好地统一国家。海陵王想把国都迁到燕京（今北京），但是朝中群臣极力反对。有一天，海陵王问梁汉臣："我栽了二百棵莲花，为什么没有一棵活下来？"梁汉臣回答道："自古以来，各地的气候条件决定植物的生长状况。江南种橘而得橘，江北只能长成枳子。我们居住在上京，气候寒冷，不适合种莲花。然而燕京地区气候温和，适宜莲花的生长。"海陵王回答道："这样看来，我们应该迁都到燕京。"由此，贞元元年（1153），海陵王不顾群臣反对，毅然决定迁都燕京。

海陵王迁都燕京之后，他又觉得燕京远离南宋，不利于灭掉南宋。所以他进而想迁都南京（今河南开封）。正隆三年（1158），他命左丞相张浩等营建南京宫殿，加紧进行战争准备。同时，他征发军事物资和武器机械，为南伐灭宋做准备。

有一天，海陵王召集官员，说道："我昨晚做了一个梦，梦到自己来到天帝的住所，听到宫殿里孩子的窃窃私语。不一会儿，有一个青衣童子拿着天帝的诏令，奉我为'天策上将'，让我征讨宋国。我奉命领旨，骑上快马飞奔而去。这时候，我看见无数的鬼兵，立刻拉起利箭，向鬼兵射去。万鬼齐诺。我一下子惊醒了，但是声音仍然在我的耳边回响。我就派人去马厩里看我的战马，只见马的全身汗水淋漓。而我的箭也少了一支。这不是天帝有意让我去灭宋吗？"海陵王编造了这样一个梦，就是想利用神灵为他准备伐宋创造舆论。

海陵王伐南宋

海陵王踌躇满志地准备南下伐宋。实际上，金朝很多大臣都坚决反对出兵伐宋，特别是尚书令温敦思忠，不惜以死进谏。

海陵王想知道多长时间能够灭亡南宋。温敦思忠听了之后，预计十年为期，并且劝告海陵王，金朝经历多年的兵荒马乱，更应该休养生息，发展生产力，而不能轻易动兵。海陵王觉得十年期限太长，就问温敦思忠几个月可以实现灭宋的目标。温敦思忠说道："太祖英武绝伦，一代豪杰，讨伐辽朝用了数十年的时间。现在宋人没有罪过，如果我们现在伐宋的话，就会师出无名。而且宋朝处于江南水乡，环境恶劣不适合我们骑兵，怎么可能几个月就能灭宋了呢？"海陵王闻言大怒，拔刀想要砍死温敦思忠。温敦思忠是金朝忠直的大臣，他面对海陵王的威胁面不改色，说道："老臣侍奉了四朝，如果我对国家没有贡献和帮助的话，那么，我死而无憾。"

完颜亮不顾群臣反对，执意南下灭宋，导致满朝文武怨声载道。正隆六年（1161）六月，海陵王迁都南京（今开封）。同年九月，海陵王率领六十万大军，兵分四路，大举伐宋。海陵王口出狂言：多则百日，少则一个月就可以灭掉南宋。同年十月初，金军逼近淮河北岸，南宋负责淮西防务的王权贪生怕死，金军还没打过来，就临阵脱逃。金军很快就渡过淮水，长驱直入，抵达长江北岸，准备从采石（今安徽马鞍山西南）渡江。

南宋一看形势危急，立即罢免王权，改而任命李显忠。并且让中书舍人虞允文去催促李显忠上任。虞允文来到采石的时候，李显忠还没有到任，军无主帅，士气涣散。虞允文见状，勇敢地承担起组织军队的责任。他以满腔爱国激情，鼓励士兵勇敢战斗。

在金军渡江的时候，宋军利用水军优势，在江中截获金军船只，使得金军狼狈逃回北岸。金军进而转移到扬州，准备从瓜洲（今江苏扬州南运河入长江口处）再次渡江。

这时候，金军后方的义军爆发叛乱，完颜雍也在东京（今辽宁辽阳）发动了政变，夺取了皇权。海陵王一看军心不稳，退路又被切断，只好孤注一掷，强令军队渡江。海陵王过激的行为加速了军队的叛变，军队不堪忍受海陵王的暴政，将他乱箭射死。

东京政变

海陵王完颜亮被部下乱箭射死之后,完颜雍夺取了金朝的皇位,是为金世宗。

他是金太祖阿骨打的孙子、完颜亮的堂兄。完颜雍的母亲是渤海人,汉文化修养很高,所以完颜雍自幼受到母亲的影响,精通经史。除此以外,完颜雍武艺高强,深受群臣爱戴。在金熙宗执政期间,完颜雍被封为葛王,被授予兵部尚书一职。

海陵王夺取皇位之后,害怕女真贵族也仿效他夺取皇位,因此大杀完颜宗室贵族。完颜雍在妻子乌林答氏的劝告下,俯首低眉,保住了性命,只是被海陵王赶出朝廷。几次改任后,完颜雍任东京(今辽阳)留守,降封为曹国公。为了表明他的忠心,完颜雍献给海陵王许多奇珍异宝。海陵王见到完颜雍恭敬地献上珠宝,以为完颜雍害怕自己。因此,减少了对完颜雍的猜忌。

后来,海陵王听说完颜雍的妻子乌林答氏长得非常漂亮,就想占为己有。乌林答氏知道自己如果不奉诏,全家肯定会有杀身之祸。为了挽救完颜雍,乌林答氏只好含泪而去。当走到离中都(今北京)七十里的时候,乌林答氏为了守节不屈,投湖自尽了。海陵王没有达到自己的目的,因此责怪完颜雍,这使得完颜雍更加痛恨海陵王。

海陵王知道完颜雍记恨他,就派高存福为东京副留守,以监视完颜雍。高存福发现完颜雍有反叛之心,他曾经想以邀请完颜雍击球为名,将完颜雍杀掉以绝后患。但是这件事情败露,完颜雍逃脱一死。

不久之后，完颜雍以前的部下来看望完颜雍，对完颜雍说："海陵王残暴成性，谋害宗室兄弟。指不定什么时候，你也会无故被杀害。"完颜雍的舅父李石乘机建议先下手为强，并且他说道："现在高存福有所怀疑，已经采取行动了。我们必须提前把他抓起来。"

正隆六年（1161）九月，完颜雍趁海陵王南下伐宋之际，借着召集官属到清安寺开会为名，控制了高存福。群臣废黜海陵王，拥立完颜雍为帝，是为金世宗。

金世宗东京政变成功之后，立即进入中都，号令天下，开始了长达二十九年的统治。

隆兴和议

完颜雍即位之后，在外交政策方面以"大定"为宗旨，派遣使臣出使宋朝议和，商量结束海陵王发动的伐宋战争。宋金两国使臣多次往还，但是和议丝毫没有进展，两国交战的局面仍然继续。

就在这时，宋高宗赵构退位，他的养子赵昚即位，即为宋孝宗。宋孝宗是主战派。他执政之后，重用了宋朝主战派的代表人物张浚。张俊只是一介书生，没有任何作战经验，所以宋孝宗起用张浚遭到朝廷大臣们的反对，其中反对最激烈的是参知政事史浩。史浩自己是主和派，他对宋孝宗说："如果发动战争的话，我们得准备好战马和军粮，做好防守准备。我朝自从绍兴和议以来，二十多年没有打仗了，军队缺乏训练。如果只听张浚纸上谈兵，把没有接受过训练的军队送到前线，怎么可能收复中原？"宋孝宗听了史浩的话之后，觉得也有道理，如此他对于主战还是主和，竟然一时难以决断。

隆兴元年（1163），一心想要建功立业的宋孝宗还是决定北伐。大军出奇制胜，首战大捷，很快就收复了宿州（今安徽宿县）等地。但是金世宗听说南宋军队大举进攻的消息后，急忙派遣仆散忠义与纥石烈志宁率兵反击。金军遏制住了宋军的进攻势头，大败宋军，并且突破了宋军的两淮防线，直逼长江。由于宋军节节败退，南宋大臣们纷纷上表弹劾张浚，认为张浚欺君误国。宋孝宗顶不住舆论压力，罢黜了张浚。

北伐失利，不仅对宋孝宗造成了沉重的打击，而且使得南宋主和派势力甚嚣尘上，宋孝宗不得不任用主和派大臣汤思退为宰相。汤思退为了尽快与金议和，竟然不惜割地给金朝。宋孝宗不能忍受汤思退的这种辱国行为，就把他贬出朝廷，汤思退郁郁而终。但是这个时候，金朝在武力上又占据优势，宋孝宗不得不考虑同金朝谈和。

隆兴二年（1164），宋金双方达成和议。宋金之间仍然维持绍兴和议以来旧有的疆界。金朝允许南宋不再对金"奉表称臣"，宋金两朝改为"叔侄之国"的关系。南宋所纳"岁贡"改为"岁币"，减去原来岁贡银绢各五万两（匹），需纳银二十万两、绢帛二十万匹。

因为这次和议是在宋孝宗隆兴二年签订的，所以历史上把这次和议叫做"隆兴和议"。和议达成之后，金宋两国维持了四十多年的和平局面。

"北国小尧舜"金世宗

从古至今，尧、舜是百姓心中理想的君王形象。金世宗完颜雍在执政期间，由于求贤若渴、虚心纳谏，虚心学习历代帝王成功的统治经验，并且倡导恢复女真习俗，以稳定金朝贵族，因此，金朝出现政治稳定、经济繁荣、安居乐业的美好局面，堪比汉朝的"文景之治"、唐朝的"贞观之治"和"开元盛世"。金世宗具备明君圣主的优良德行，为人谦和节俭，所以他被尊为"北国小尧舜"。

在任用人才方面，金世宗任人唯贤，即使是对先朝旧臣，也能做到唯才是举，人尽其用。张浩曾是海陵王执政期间的重臣，金世宗执政之后，仍然任命张浩为尚书令。金世宗还特意对张浩说："你在海陵王执政期间做首相，不能纠正当时的弊端，不可能没有过错。但是海陵王要求修建中都和南京，尤其是南下伐宋，你也提过意见，只是海陵王刚愎自用。你当时已经受到了责罚，天下百姓只能怪海陵王一意孤行，不会怪罪于你。你在尚书省十余年，练达政务，所以还是你担任这个职位，不要辜负了朕的信任。"张浩果然没有辜负金世宗，兢兢业业，积极辅佐世宗，以保证金朝政权的稳定运行。

金世宗执政期间，金朝社会一片祥和安逸。但是女真人入主中原之后，渐渐丢掉了祖先刚强好武以及吃苦耐劳的美德，反而染上了奢侈腐化的风气，整天只知道吃喝玩乐，不勤于练兵习武。因此，针对这个情况，金世宗一方面要求国人保持尚武风气，另一方面强调保持女真旧俗，下旨强调加强骑射，说女真语。金世宗还恢复了当年被海陵王完颜亮毁弃的上京会宁府。

◁◀ 辽金元：金戈铁马

　　之后金世宗到上都巡游，拜谒了列祖列宗的画像，并且按照女真风俗，与群臣骑马狩猎。在宴会上，金世宗与群臣开怀畅饮。酒酣之际，金世宗用女真语唱歌，歌颂祖宗创业艰辛。唱到动情之处，他潸然泪下，甚至嚎啕大哭，群臣也都跟着痛哭起来。整个宴会就像回到先前的女真社会一样，君臣之间毫无猜忌，其乐融融。

　　金世宗一生朴素，禁止铺张浪费，使得金朝国库充盈。金世宗唯才是用，实现了"大定之治"的繁荣局面。虽然金世宗竭力推动女真旧俗，以便提醒女真人不要忘本，勤俭节约，但是女真人奢侈腐化的本质不可抑制地发展下去了。

金章宗的"瘦金体"

金世宗开创了"大定之治"的盛世局面，使得百姓能够休养生息，恢复了一定的生产力。由于金世宗在位之际，倡导保持女真风俗文化，因此他非常喜欢精通女真语的完颜麻达葛。完颜麻达葛是世宗嫡子完颜允恭的儿子，他积极响应世宗文治的政策，从小学习女真语言和汉字经书。

大定二十五年（1185），金世宗封嫡孙完颜麻达葛为原王，完颜麻达葛用女真语向世宗谢恩。为了把皇孙培养成合格的皇位继承人，世宗还给他创造了一些历练机会。次年，金世宗赐麻达葛汉名璟，拜尚书右丞相，立为皇太孙，成为皇位继承人。

大定二十九年（1189），金世宗病逝，完颜璟即位，是为金章宗。金世宗去世时，金朝国库充盈，国泰民安，但是金章宗执政期间，金朝国力开始慢慢走向下坡。

金章宗虽然在女真传统文化方面有很深的造诣，但是他即位之后，依旧积极地学习，并推崇汉文化。在金朝所有皇帝中，金章宗是汉文化素养最高的皇帝。

他还特别善于诗词歌赋。他有一首《蝶恋花》流传了下来，"几股湘江龙骨瘦，巧样翻腾，叠作湘波皱。金缕小钿花草斗，翠条更结同心扣。金殿珠帘闲永昼，一渥清风，暂喜怀中透。忽听传宣颁急奏，轻轻褪入香罗袖。"这首典型的婉约派风格的词，不仅体现了金章宗所写的词清新俊丽，而且体现了金章宗文学修养之高。

为了进一步推广汉文化，金章宗在辽朝设立书画院，搜集各种书画作品。他特别羡慕宋徽宗的"瘦金体"，精心模仿练习。金章宗收藏的书画中，有很多书画是他模仿宋徽宗"瘦金体"的题词或者题签。他的用纸也与宋徽宗类似，多为磁蓝纸，而且采用宋徽宗的泥金字帖签。所以金章宗模仿的"瘦金体"，让人难辨真假。现藏于伦敦大英博物馆的顾恺之《女史箴图》图卷，后附金章宗书写的女史箴一则。之前许多专家都认为这是宋徽宗的作品，可见金章宗高深的书法功底。

汉化修养如此高的金章宗，使得女真风俗为之大变，完全背离了金世宗的谆谆教诲。而他本人沉迷汉文化，对朝政疏于管理，金朝也由此慢慢地由盛转衰。

元妃李师儿干政

金章宗的元妃李师儿出身卑微,因为其父犯了罪,李师儿在宫中当了监户。大定二十九年(1189),世宗下令宫中相貌端庄的监户女子,可以在宫中学习,李师儿因此获得了学习的机会。

当时男女有别,老师在传道授业的时候,需要用一个青纱帐把老师和学生隔开。学生有问题请教老师,只能拿着书在帐内映纱中指字,老师则在帐外解答。有一天,章宗前来视察,就问老师,有没有特别出众的宫女。老师回答道:"其中有一个声音清亮的女子,才思敏捷,学得最好。"章宗经过打听,知道这个声音清亮的宫女是李师儿,章宗一看,李师儿不仅聪明伶俐,而且生得也相当动人,因此将她纳为嫔妃。

李师儿不仅能写字吟诗,而且善于察言观色。她知道章宗喜爱汉文化,于是便寻找机会与章宗谈论诗词绘画,章宗在练习书法之前,李师儿也会提前把笔墨准备妥当。有一天,金章宗和李师儿在宫中赏月,章宗吟了一句:"二人土上坐。"李师儿马上答道:"孤月日边明。"这下联对仗非常精妙,颇得章宗赞赏。

此后,李师儿深得章宗喜欢,想立她为皇后。但是朝中大臣认为李师儿出身卑微,坚决反对这件事情。章宗只好把她封为元妃,但是实际上,李师儿的地位和待遇已经相当于皇后了。

章宗不仅对李师儿百般宠爱,还对她的家族大加封赏。元妃有两个兄弟,一个叫李喜儿,赐名为李仁惠,被封为三品宣徽使、安国君节度使。另一个叫李铁哥，赐名为李仁愿，被封为少府监、近侍局使。因为李师儿得宠，李氏家族跟着飞黄腾达起来，可谓一人得道，鸡犬升天。

但是李氏家族毕竟出身寒微，在朝廷没有稳定的根基。所以，李师儿便在朝廷暗中结交大臣，以扩大自己的势力。随后，为了稳固自己家族在朝中的地位，李师儿开始干预朝政，并诛杀了反对她的大臣王永蹈、镐王永中等人，弄得朝廷上下乌烟瘴气。

李师儿权倾朝野，但是她没有给章宗留下子嗣。章宗临死之前，也没能立下皇子，而且经过海陵王时期滥杀宗室贵族，完颜氏皇族已然所剩无几。所以章宗死后，群臣只好按照章宗的遗愿，立章宗的叔叔卫绍王完颜永济当皇帝。

而元妃李师儿在章宗死后，失去了庇护，加上她之前干预朝政，滥杀大臣，也落得被赐死的下场。

胡沙虎叛乱

金章宗死后，由他的叔叔完颜永济继承皇位，但完颜永济是一个昏庸无能的人。他即位以后，立即派遣使者到蒙古下诏书。成吉思汗听说金朝是卫绍王即位当皇帝，于是轻蔑地说："我以为只有天人才配做中原皇帝，没想到完颜永济这样的人，也配做皇帝？"成吉思汗说完之后，上马扬长而去，留下手持诏书的人不知所措。

成吉思汗认为金朝已经腐败不堪，伐金的时机已经到来。他整顿好兵马，立即率军进攻金朝。完颜永济非常害怕，命令从西京逃回来的胡沙虎率兵抵抗蒙古人。由于胡沙虎是一个专横跋扈之人，他见完颜永济昏庸无能，就谋划了杀死完颜永济的宫廷政变。

当时南宋国力衰弱，胡沙虎与宋人打仗还能占据优势，金朝因此对他非常器重。蒙金战争爆发之后，胡沙虎日益受到重用。大安元年（1209），胡沙虎被任命为西京（今山西大同）留守，以防御蒙古人的入侵。但是当蒙古人真的入境后，胡沙虎命副将防守西京，自己率七千人不战而逃。崇庆元年（1212），朝中大臣弹劾胡沙虎，卫绍王迫于舆论压力，罢去胡沙虎官职。后来由于蒙古军频繁入侵金朝，卫绍王见朝中没有人能够出兵打仗，只得重新起用胡沙虎，让胡沙虎率领五千士兵驻守在中都城北。

当蒙古军逼近中都，胡沙虎仍然不做战守准备，整天游玩打猎。因此卫绍王派使臣提醒胡沙虎，让他停止游猎，准备战斗。胡沙虎听了之后，勃然大怒，杀死了使者，发动政变。

至宁元年（1213）八月，胡沙虎与完颜丑奴、蒲察六斤等人假称大兴府（今北京城西南）知府徒单南平、刑部司郎驸马都尉没烈谋反，奉皇帝之命进行讨伐。胡沙虎欺骗驻守在中都城北的军队统帅福海，随后将福海杀死，夺取了他的兵权。然后胡沙虎率军进入中都，又杀死徒单南平及没烈等人，再杀入宫中，逼迫卫绍王退位。第二天，胡沙虎还是不放心，便让宦官李思忠杀死了卫绍王。

胡沙虎杀死卫绍王之后，他怕自己当皇帝无法在朝中立足，因此自称监国都元帅。丞相徒单镒见金朝无主，拥立世宗的孙子完颜珣做皇帝。胡沙虎便立完颜珣为帝，即金宣宗。

完颜珣即位以后，胡沙虎仍执掌朝中重权。他派遣术虎高琪驻守中都以南，以防止蒙古人的入侵。术虎高琪与蒙古大军交战，屡战屡败。胡沙虎对他说："如果你再次出兵不能取胜的话，那就以军法处置。"结果，术虎高琪又大败而归。他害怕胡沙虎真的对他军法处置，便先下手杀死了胡沙虎。

胡沙虎死了之后，术虎高琪执掌朝中大权。他和胡沙虎一样，是一个暴虐成性的人。因此在术虎高琪的掌权之下，金朝国力进一步走下坡路了。

金宣宗南迁

金宣宗虽有心治理国家，但是他软弱无能，即便推行强有力的政策，也无人执行，金朝日益衰败下去。同时北方的蒙古铁骑却日益强大，对金朝边境的威胁也愈加明显。

面对蒙古大军的入侵，金人害怕随时受到敌人进攻的危险。金宣宗召集群臣商量对策，术虎高琪主张迁都南京（今河南开封）。因为南京有得天独厚的地理位置，南有淮水作为天然屏障，北有黄河抵抗蒙古军，西有潼关天险可以防备，所以他认为南迁是最安全的决策。金宣宗听完，立刻下旨迁都。

但是丞相徒单镒进谏道："如果要迁都的话，北方就守不住了。现在我们已经和蒙古人议和，我们应该趁此机会招兵买马、囤积粮食，固守京城，这才是上策。"

金宣宗却听不进去，坚持南迁。他留下尚书右丞相完颜承晖辅佐太子完颜守忠守卫中都，其他官员便随他浩浩荡荡地迁往南京。

金宣宗南迁之后，本来应该励精图治，但是他不思进取，依旧以享乐为主。成吉思汗听说宣宗南迁之后，就以金朝没有诚意议和为借口，再次入侵金朝边境。由于金朝国都南迁，中都成为一座孤城，并没有守军驻守，因此很快就被蒙古军占领了，接着河北、山东等地也相继沦陷。

面对蒙古大军的威胁，宣宗本来应该联合南宋，共同对抗蒙古。但是宣宗认为南宋军事实力衰微，不屑与南宋联合。很快，强劲的蒙古大军势如破竹，金朝连连失去国土。面对这种情况，金宣宗想以攻打南宋的方式来弥补自己在北面丢失的国土。兴定元年（1217）四月，金宣宗以南宋停止给金朝上交岁币为由，大举进攻南宋。

金宣宗南迁以及伐宋的行为，造成金朝国土尽失，社会动荡，并且受到南宋和蒙古的双方夹击，导致金朝两面对敌，加快了国家的灭亡。

完颜陈和尚与他的忠孝军

1213年，蒙古军劫掠丰州（今呼和浩特东南）的时候，完颜陈和尚正在家中奉养母亲。蒙古军便把陈和尚俘虏了。但他时时刻刻都在想着回归金朝，当完颜陈和尚得到蒙古人的信任之后，就向蒙军大帅请求回家看望母亲，以借机逃跑。

蒙军大帅无法反驳，但是又怕他趁机逃走，便派了士兵与陈和尚一起回去。到了丰州老家之后，陈和尚和族兄完颜斜烈联手杀死了蒙古士兵，夺取了十余匹马，带着母亲踏上了归金之路。

蒙军大帅很快就知道陈和尚逃跑的消息，派出骑兵追赶他们。他们为了摆脱蒙古追兵，只能走羊肠小道，途中马匹丢失，陈和尚的母亲年迈又不能行走，兄弟俩就用"鹿角车"（一种人力小车）推着母亲，翻山越岭，躲避追兵，最终他们渡过黄河，回到金人占领地区。

陈和尚一行人回到金朝后，金宣宗任命完颜斜烈为都统，陈和尚为其护卫。斜烈在担任都统的时候，礼贤下士，与儒生的关系非常好，因此陈和尚也跟随儒生读书写字。后来斜烈病重，金宣宗便让陈和尚代理族兄的职务。他手下有一个将领飞扬跋扈，总和别的将领发生争执。陈和尚秉公处理，处罚了那个跋扈的将领。没想到那个将领郁郁而死，死前嘱咐妻子为自己报仇。所以他的妻子到处告状，说陈和尚因私人恩怨，故意杀死了自己的丈夫。

因为陈和尚曾经在禁卫任职，并且手握兵权。台谏官随意就认定陈和尚泄私愤报复，将他处以死刑。但是因为证据不足，案子一直不能定案。陈和尚泰然处之，在狱中仍然和往常一样读书、写字、打拳。一年半之后，金哀宗赦免了陈和尚，任命他为忠孝军的统领。

忠孝军是金哀宗为了抵抗蒙古大军，专门组建的一支军队。他们精于骑射、个个骁勇善战。但是这支军队的士兵是由回纥、汉等不同民族的人组成，军队人员关系非常复杂。陈和尚带领的忠孝军军纪严明。就算陈和尚自己犯错，同样也要受到处罚，所以士兵们都服从陈和尚的领导。

蒙古军打到大昌原的时候，当时的金军主帅问手下将领，谁敢出战？而他们面对统军的蒙古大将是成吉思汗开国四杰之一，即赤老温。陈和尚主动请缨，率领四百金军，抵抗蒙古大将赤老温的八千蒙古军。陈和尚已做好必死的决心，他和四百骑兵经过精心策划布局，竟然大破蒙古军，取得了大昌原大捷。这是金蒙战争以来，金朝取得的第一次大胜仗。陈和尚一战名震天下，被授予定远大将军、平凉府判官，而金朝对他所率领的忠孝军寄予希望，希望能凭借这支军队抵御蒙古大军的继续南下。

但陈和尚一腔热血，有心杀贼却无力回天。面对勇猛彪悍的蒙古大军，金朝凭借一个完颜陈和尚是远远不够的，金朝所面临的局势仍然很紧张，随时有被蒙古吞并的危机。

三峰山之战

金宣宗在位十年，历经国难。他把这个满目疮痍的江山转交到儿子金哀宗完颜守绪的手里。这时候的金朝腐败不堪，即使金哀宗有再多的雄才大略，也不可能扭转金朝走向衰亡的命运。

蒙古大军所向披靡，一路挥师南下，围住了汴京，金朝危在旦夕。哀宗急忙召见群臣，商量对策。平章完颜白撒建议哀宗沿着汴京修筑短堤，引黄河水入城，使黄河成为汴京城的天然护城河，以抵挡蒙古大军攻城的脚步。没有作战经验的哀宗同意了这个建议，让人赶紧挖河。就在这个档口，蒙古人又从别的渡口杀过来，将挖河的百姓砍杀殆尽。

汴京岌岌可危，万般无奈下，哀宗诏喻完颜合达、移剌蒲阿全力支援汴京。于是完颜合达和移剌蒲阿率领大军从邓州出发，支援京师。不料，三千蒙古军在后面尾随着这支金军。当金军一扎下营帐，蒙古军就进攻金军，一旦金军迎战，蒙古军又撤退了。蒙古军如此往复地骚扰金军，使得金军无法正常饮食休息。

就这样，金军被蒙古军牵着鼻子一路作战，疲惫不堪。金军进入钧州三峰山（今河南禹县西南），突遇大雪，军士三天没有吃东西，披着军甲僵立在雪中。蒙古军利用金军吃饭和睡觉的时间，全线攻击，金军损失惨重。

完颜陈和尚拼死力战，护卫着完颜合达率领数百残兵退入钧州。但钧州防守并未抵挡许久，便被蒙古军攻破。蒙古军搜察到完颜合达藏在民宅中，将他当场一刀砍死。

陈和尚见无力回天，便要求见蒙军大帅。他见到蒙军大帅之后，高声说道："我是忠孝军的统领陈和尚。大昌原之战、卫州之战以及倒回谷之战，都是我率领军队打败蒙古军。我如果死在乱军之中，怕别人说我辜负国家。所以我今天前来赴死，希望天下人知道我的忠义之心，我要死得光明正大。"蒙古统领佩服陈和尚，想招降他，但是陈和尚宁死不屈。历此一役，金朝尚且能战的主将纷纷战死，金哀宗复国的最后一丝希望彻底破灭。

金哀宗自缢

蒙古大军接连攻破金朝城池,金哀宗不得不过上流亡的生活。金哀宗退往蔡州之后,退无可退,他只好让蔡州城五百名士兵抵抗蒙古军。但是蒙古军围而不攻,只把蔡州城团团围住,准备困死金军,等他们自己投降。

金哀宗叹息道:"我做了十年太子。父皇死后,我又当了十余年皇帝。我不算明君圣主,但是我最起码不是庸主。虽然我死而无恨,我只恨祖宗传国百年,到我这儿,我就成了亡国之君,跟历史上所有荒淫暴乱的君主一样了。我实在很不服气。"他又对大臣说:"亡国之君的下场都不好,要么被人囚禁,要么成为俘虏被人羞辱。我绝不会走到这一步。你们可以看看我到底是怎么死的。"

就在这时候,蒙宋联军四面攻城,破城在即。哀宗叫来东面元帅完颜承麟,对他说:"朕志在殉国,皇位传给卿家。"完颜承麟跪地痛哭,不得已接受了帝位。哀宗便在幽兰轩自缢身亡,壮烈殉国。

此时,蔡州城破,金末帝完颜承麟死于乱军之中。他是中国历史上在位时间最短的皇帝,一个时辰不到就被杀了。

与此同时,尚书右丞相完颜忽斜虎率领一千多名士兵与破城的蒙宋联军巷战,眼看不支的时候,传来消息哀宗自缢殉国了,末帝也不知所踪。完颜忽斜虎自知大势已去,就命令士兵停止抵抗,他说:"皇上已经死了,再打下去也没有什么意义了。我要投河自尽,追随主上,你们自便吧。"说完,完颜忽斜虎壮烈殉国。

蒙宋联军打进蔡州城的时候，据说哀宗的尸体还比较完好。于是蒙古人和南宋人就把哀宗的尸体分了，当作战利品各自带了回去。就这样，历时一百二十年的金朝宣告灭亡。

元朝：来自草原的霸主

蒙古人的起源：苍狼与白鹿的传说

传说蒙古族人的祖先是一条苍狼，蒙古语为"孛儿帖·赤那"。他娶了一头白鹿为妻，这头白鹿在蒙古语中是"豁埃·马阑勒"。他们结伴渡过腾吉思湖（今呼伦湖），来到了斡难河（今鄂嫩河）上游的不儿罕山（今肯特山）一带游牧，生了一个儿子，取名为巴塔赤罕，巴塔赤罕便被认为是蒙古部落的原始祖先。

狼和鹿向来是游牧民族所崇拜的图腾，所以狼和鹿出现在草原民族的古老传说中，这并不奇怪。关于蒙古部落祖先的来源，还有另外一种记载。巴塔赤罕的十一世孙叫做朵奔篾儿干，他娶了一位豁里剌儿部的女子阿阑豁阿，两人结为夫妻。朵奔篾儿干与阿阑豁阿有两个儿子，但是朵奔篾儿干去世之后，据说有一束白光射入阿阑豁阿的帐幕之中，阿阑豁阿由此生了第三个儿子，名叫孛端察儿。

关于蒙古人具体的历史记载，便始于孛端察儿。孛端察儿长大成年之后，他创建了孛儿只斤部落。孛儿只斤部落有两个分支部落，分别为乞颜部和泰赤乌部。这是蒙古的两个强大部落。铁木真就属于乞颜部的孛儿只斤氏。

孛端察儿的玄孙海都是铁木真的六世祖。他率领部落兼并了部分蒙古氏族，从而使部落逐渐强盛起来。之后，铁木真的曾祖合不勒汗掌管部落的时候，正值金太宗、熙宗执政时期，这时候的蒙古部落已经成为一股中原朝廷不可忽视的力量。金朝为了稳固漠北局势，并且为了攻打宋朝，联合少数民族的势力，曾一度拉拢合不勒汗。

据史料记载，有一次金朝皇帝宴请合不勒汗。合不勒汗在酒醉状态下手舞足蹈，顺势摸了一下皇帝的胡子。皇帝原谅了他的冒犯行为，这充分说明当时合不勒汗的势力强大，连金朝皇帝都要忌惮他。

合不勒汗死后，来自泰赤乌部的俺巴孩继承汗位，在他管理部落期间，蒙古与金朝的关系破裂。此时塔塔儿人与蒙古人之间存在矛盾纷争，金朝利用两个部落的纷争，间接地杀害了俺巴孩。俺巴孩死后，由乞颜部的忽图剌继承蒙古部落的汗位，他为了向塔塔儿复仇，发动了战争，但是蒙古部落没有取得实质性的胜利，忽图剌汗继而又向金朝发动战争，蒙古部落取得胜利，逐渐强盛起来。

由于蒙古部落的权力主要掌握在乞颜部和泰赤乌部之间，两个部落对于汗位权力的争夺越发激烈。到了合不勒汗的孙子也速该（即铁木真的父亲）这一代，在他掌权期间，两个部落之间由于汗位争夺，导致矛盾异常尖锐。

少年铁木真

关于铁木真确切的出生年份无法考证,不过很多学者认为他在1162年出生。铁木真九岁的时候,他的父亲也速该带他去求亲。途中,他们遇到翁吉剌部人德薛禅。德薛禅见铁木真眼睛明亮、面部有光,便认为这是个非常有前途的孩子。他十分喜欢聪明伶俐的铁木真,于是他邀请也速该父子到家里做客,并且有意将女儿孛儿帖许配给铁木真。

虽然孛儿帖比铁木真大一岁,也速该并不在意两个孩子的年龄问题。也速该对孛儿帖也满心欢喜,答应了德薛禅的要求,留下一匹马作为定礼。按照蒙古族的风俗,铁木真需要留在未来岳父家里劳役数年。也速该处理好事情之后,独自离开了德薛禅家。

也速该在返途中遇到一伙塔塔儿人,因为饥渴难耐也速该下马讨水喝,结果被塔塔儿人暗中下了毒。也速该回到家后毒性发作,不久就死去了。也速该一死,不仅留下了只有妇孺的弱小家庭无人照顾,部落也立马群龙无首,其他部落的小头领们渐渐离开了部落。铁木真只能依靠泰赤乌氏生存,然而,这个弱小的家庭却被泰赤乌氏无情地抛弃了。

铁木真的母亲诃额仑不得不带着铁木真和他的兄弟们离开部落,他们生活在斡难河上游的不儿罕山一带,靠着采集野物、捕捞鱼虾生存。随着年龄的增长,铁木真的才华慢慢显露,泰赤乌部害怕铁木真长大后威胁到他们部落的发展,就想尽快杀死他,以绝后患。于是泰赤乌部不断派人骚扰铁木真一家,还趁机抓走了铁木真。幸好泰赤乌部的锁儿罕失剌出手相助,铁木真得以逃脱。

泰赤乌部人没能抓到铁木真，只得悻悻地离开，而铁木真沿着河流回到了他的部族，找到了他的母亲和兄弟们。他们后来又历经两次迁移，最后在怯绿连河一带建立了自己的统治。稍微安定之后，铁木真为取得翁吉剌部的支持，迅速与孛儿帖结婚。之后，铁木真得以进一步扩展自己的势力，以求发展壮大。

一方面，铁木真寻找到属于自己的"那可儿"——博尔术和者勒篾，那可儿也就是伴当，意即双方进行盟誓，以表忠心的伙伴与战友。博尔术是铁木真很早就结识的伴当。之后者勒篾来到铁木真身边，成为他忠诚的战士。另一方面，他也在寻找可以依附的力量，使得家族得到保护。他把妻子的嫁妆黑貂鼠皮袄献给父亲生前的好"安答"克烈部的首领王罕。克烈部是当时草原上一支强大的部落。王罕接受了铁木真的礼物，并且许诺给铁木真提供庇护。

此时的少年铁木真正通过自身一步步的努力，慢慢地积蓄力量，势力蒸蒸日上。

十三翼之战

铁木真新婚不久，篾里乞人突然袭击了铁木真的营帐。他的妻子孛儿帖没有及时逃脱，被篾里乞人劫持走了。铁木真向克烈部的王罕寻求帮助，王罕答应铁木真出兵两万。铁木真又向札答阑部的札木合寻求帮助，札木合也答应出兵两万。所以铁木真召集部下与王罕、札木合三师会合，击败了篾里乞人，救回了孛儿帖。这次与篾里乞人的战役，铁木真俘获了大量的财物，壮大了自己部落的声威，这让之前的许多旧部重新回到铁木真身边。

铁木真与札木合各自争取了一些部族，两人也一起相处了一年多。随着铁木真势力的不断壮大，双方关系日渐疏远，他们管辖的两个部落之间也经常引发纷争。在一次抢夺铁木真部落马群的时候，札木合的弟弟秃台察儿被铁木真的伴当挫赤答儿马剌射杀。札木合得知弟弟被杀的消息，不禁大怒。这一事件导致了札木合与铁木真的决裂。

札木合联合泰赤乌氏，率兵三万，分为十三部来攻打铁木真。札木合部下亦乞列思人孛秃冒着生命危险，把这个紧急的情况告诉铁木真。铁木真也召集了三万士兵，分成十三翼迎战札木合，双方在答兰版朱思大草原上展开了一场决斗。由于札木合所指挥的部落士气高昂，交战时间一长，铁木真的士兵有点抵挡不住，仓皇地败下阵来。札木合为了发泄心头之恨，用残忍的手段把俘虏扔到大锅里活活煮死。这次大战，史称"十三翼之战"。

"十三翼之战"以札木合的胜利、铁木真的失败而告终。但是札木合残忍对待俘虏，导致之前投靠他的部落人心向背。他们纷纷脱离札木合，投奔铁木真，这样反而壮大了铁木真的势力。而铁木真虽然战败，但是收获了民心。通过这次战役，铁木真的部落势力非但没有被削弱，反而进一步壮大起来。

班朱尼河之盟

随着铁木真势力的逐渐强大,铁木真加快了对外扩张的步伐。

1196年,塔塔儿部的篾古真薛兀勒反抗金朝的统治,金朝立即出兵进行讨伐。这让铁木真看到了机遇,于是他打着为父亲报仇的名义,联合克烈部王罕一起出兵,讨伐塔塔儿部。塔塔儿部被联军击败。金朝赐予王罕以"王"的称号,铁木真被任命为札兀惕忽里,从而管辖蒙古部众。

1200年前后,铁木真联合王罕,进一步消灭了泰赤乌部、合答斤部、散只兀部等部落,至此蒙古草原上对铁木真威胁最大的是克烈部。但克烈部的首领王罕与铁木真关系亲密,形如父子。为了进一步增进双方部落关系,铁木真希望王罕能将女儿许配给自己的长子术赤,并且将自己的女儿豁真许配给王罕的孙子。

1203年,投靠王罕的札木合在王罕面前挑拨离间,希望能借助王罕之手消灭铁木真,并且策划了一场谋害铁木真的计谋。他们假装以许婚为借口,邀请铁木真出席宴会。没想到铁木真提前得到密报,并没有如期赴约。

王罕知道事情暴露之后,立即率兵袭击铁木真。双方在合兰真沙陀之地(今内蒙古自治区东乌珠穆沁旗)展开激战。最后铁木真寡不敌众,以失败而告终。

铁木真带着十九个伴当,来到班朱尼河(今克鲁伦河下游附近一带)。战争的失败、逃亡的劳累以及强烈的饥饿感冲击着他们疲惫的心,铁木真仰天长叹。就在这时,一匹野马从北面跑来,他们杀了这匹野马充饥,并且汲取班朱尼河的水解渴。

在这样的情况下，铁木真心情沉重，他对这些伴当说道："如果我成就了大业，一定会和你们同甘共苦。我要是违背诺言，就如同这河水一样迅速流逝。"十九名勇士深受感动，他们纷纷捧起浑浊的河水，开怀痛饮，表示誓死追随铁木真，这就是历史上有名的"班朱尼河之盟"。

铁木真称汗

铁木真打败了克烈部，扫除了这一障碍后，1204年，他又率兵攻打乃蛮太阳汗部，并且兼并了篾里乞残部和乃蛮不欲鲁汗部，最终完成了蒙古草原的统一大业。

1206年春，铁木真召集诸弟、伴当以及各部落贵族在斡难河举行忽里台。忽里台是部落举行的大型议事会，从铁木真开始，忽里台成为一种商议国家大事和推选大汗的会议。在这次的忽里台上，铁木真被拥立为蒙古大汗，被尊为"成吉思汗"。成吉思汗建立蒙古国之后，确立了三项最基本的游牧国家政治制度，分别是千户百户制度、怯薛制度以及兀鲁思分封制度。

千户，蒙古语叫"敏罕"。成吉思汗将蒙古草原上各部落的部民进行重新编组。最小的单位是十户，每十个十户组成一个百户；每十个百户组成一个千户。最后，蒙古国被分为九十五个千户。千户制度在一定程度上瓦解了草原民族以血缘关系为纽带的部落组织形式。千户那颜可以任命百户长，百户长可以任命十户长，如此以来，便形成了一个自上而下的等级制度。成吉思汗自己则控制着这些千户那颜，利用千户这一制度，他牢牢地掌握了整个蒙古部族的领导权。

怯薛制度是蒙古制度的核心组成部分。"怯薛"的蒙古语是"轮值"的意思，所谓怯薛军指的是成吉思汗的护卫军。怯薛军主要是蒙古贵族以及各级那颜将的子弟。怯薛军成员轮流守卫大汗的营帐，负责大汗帐内日常的生活，同时协助大汗处理日常军事事务。

怯薛军是大汗的近侍，享受较高级别的待遇。怯薛军司令由最可靠的四个那可儿担任，另外还有蒙古语为"扎鲁忽赤"的断事官，他们构成了蒙古帝国的中枢机构。

成吉思汗把九十五个千户中的一部分，分给了他的儿子和弟弟们。术赤、察合台、窝阔台各分得四个千户，成吉思汗的弟弟们也分得数量不等的千户。除此之外，成吉思汗直接领有蒙古草原的中部地区。因为蒙古有"幼子守产"的传统习俗，拖雷便继承了成吉思汗领有的中部地区以及大汗的四大斡鲁朵。

诸王所获得的民户，形成各个"兀鲁思"，它的意思是"人众、国家"。诸王对自己兀鲁思内的属民有绝对的支配权，大体来说，成吉思汗所统治的中部地区被称为"中央兀鲁思"，它是未被分封掉的共有财产。此外，成吉思汗将蒙古草原的东部地区分封给弟弟合赤温、斡赤斤等人，他们被称为"东道诸王"。他的儿子术赤、察合台、窝阔台则被分封在蒙古草原西侧，他们被称为"西道诸王"。

各诸王拥有自己的兀鲁思，各自管理自己的家产。但是各诸王尊奉大汗为宗主，他们有推举大汗、参与中央兀鲁思重大事务决策的权力，与此同时，各诸王的王位继承需要得到大汗的认可。

千户百户制度、怯薛制度以及兀鲁思分封制度的确立，使得蒙古国的政治机构逐渐完备。

成吉思汗西征花剌子模

花剌子模是当时中亚的一个大国。摩诃末即位后,势力发展到今天的中亚、阿富汗、伊朗等地区。蒙古占领金朝首都中都之后,花剌子模听到消息,感到非常震惊。1216年,摩诃末派使者来到蒙古国,打探蒙古国的虚实。成吉思汗向使者表示,承认摩诃末是西方的统治者,蒙古国是东方的统治者,并且允许双方商人互通有无。

1218年,由四百五十人组成的穆斯林商队从蒙古国出发,但是他们刚刚走到边境,就被花剌子模的官员诬陷为间谍,他们的货物全部被没收,商人被残忍杀害,仅有一人逃生。

成吉思汗听到这个消息之后,非常愤怒。他独自登上不儿罕山的山顶,跪伏在地上祷告了三天三夜,在得到上天给予的启示之后才下山。他派出三名使者去花剌子模进行交涉,要求他们交出凶手。摩诃末不但没有交出凶手,反而杀死了为首的蒙古使者,并将其他两个使者剃去胡须后驱逐出境。成吉思汗怎能忍受花剌子模的这般羞辱,于是决定攻打花剌子模。

1219年秋,蒙古军兵分四路对花剌子模进行攻击。成吉思汗与拖雷率领的主力军渡过锡尔河,越过基吉尔库姆沙漠,直抵花剌子模国重镇不花剌(今乌兹别克斯坦布哈拉城)。察合台、窝阔台组成的军队围攻讹答剌城,术赤北上进取毡的城(今哈萨克斯坦齐尔——奥尔达东南),阿剌黑那颜、撒黑秃等将领率领军队向东南方向攻打忽毡城(今塔吉克斯坦北部旧城)、别纳客忒城(今锡尔河右岸吉日根河流域)等地。

蒙古军势如破竹，接连攻破花剌子模的城池，最终攻陷了其都城不花剌。摩诃末不得不过上了逃亡的生活，最后他在里海的一个小岛上死去。这场威震中亚的征伐狠狠打击了花剌子模的国力，也使得他们不敢再看轻正在崛起的蒙古帝国。

成吉思汗六征西夏

成吉思汗建立蒙古国以后，为了掠夺财物和扩大统治领域，开始不断向邻国发动战争。

这时候，在蒙古国的南境主要有两个政权，即西夏和金朝。金朝与蒙古国一直都有矛盾，金朝自然成为成吉思汗攻击的主要目标。为了扫清攻打金朝的障碍，成吉思汗首先对西夏发起攻击。

1203年成吉思汗消灭克烈部的时候，王罕的儿子亦剌合桑昆逃入西夏。成吉思汗以追捕亦剌合桑昆为借口，率蒙古军对西夏发起进攻。后得知亦剌合桑昆逃亡到西辽被擒杀的消息之后，便率大军顺道掠夺了一番，率军北返。为了切断金朝的供应，成吉思汗以西夏不肯纳贡为由，1207年秋，成吉思汗发动了第二次攻打西夏的战争。这次蒙古军攻破兀剌海城，在次年二月退军。

蒙古军队两次攻打西夏，都没有彻底拿下西夏，因此1209年，成吉思汗发动了更大规模的战争。夏襄宗李安全派遣长子李承桢为主帅、大都督府令公高逸为副帅，领兵五万前往兀剌海关口抵御蒙古军的进攻。西夏军大败，高逸被蒙古军活捉，李承桢狼狈而逃。蒙古军乘胜逼近克夷门。夏襄宗又派嵬名令公率兵抵抗蒙古军，嵬名令公冲锋上阵，几次打败蒙古军，但是后来嵬名令公中了蒙古军的埋伏，兵败被俘。

蒙古军攻破克夷门之后，迅速包围西夏首都中兴府（今宁夏银川）。夏襄宗急忙向金朝求助，但是卫绍王完颜永济坐视不管。夏襄宗只能召集兵马，拼死防御蒙古大军的入侵。蒙古军引水灌城，就在这关键时刻，黄河外堤崩决，反而淹了蒙古军。成吉思汗只得放弃武力进攻，转派使者劝夏襄宗投降。夏襄宗见无法抵御，便向蒙古国称臣纳贡，于是蒙古军撤兵。

西夏投降蒙古国之后，成吉思汗便把这里当做了蒙古国的后勤粮仓，经常向西夏征兵征物，给西夏人民造成极大的负担。1217年，蒙古国准备西征，再次向西夏征兵，西夏拒绝出兵。于是蒙古国发动了第四次征伐西夏的战争。蒙古军再次包围中兴府，神宗慌忙逃出京师。

1221年，成吉思汗借口西夏私自与金朝联络，背叛了与蒙古国的盟约，对西夏发动了第五次进攻，蒙古大军很快攻破银州（今陕西米脂西北），西夏精兵数万人战死在这次战役中，损失惨重。西夏从此一蹶不振，国力大为衰退，再难组织起对蒙古大军的抵抗。

1225年，成吉思汗西征回到漠北之后，想彻底消灭西夏，于是借口蒙古大军征讨西域时，西夏不派随从前往，发起对西夏的第六次征讨。1226年，成吉思汗亲率大军，兵分两路进入西夏境内。蒙古军长驱直入，再次围攻西夏首都中兴府。1227年初，成吉思汗留下一支军队将城池围住，自己率兵南下攻金。中兴府被围半年之后，城内无粮草，外无救兵。在走投无路的情况下，西夏末帝李睍出城投降，被蒙古军抓住杀死，西夏宣告灭亡。

丘处机给成吉思汗讲道

中国的道教产生于东汉时期，后来道教分成许多支派。到了金代，王重阳创立了全真道教。号称"长春真人"的丘处机，十九岁向王重阳学道。王重阳死后，他成为全真道教的掌门人。

蒙金战争爆发之后，丘处机在山东栖霞山中隐居，潜心修道。这时候，蒙、金、宋三国都在笼络文人能士。宋金两朝相继派出使者，请丘处机出山，他都婉言谢绝了。

1219年，成吉思汗在西征途中听说丘处机知识渊博，就派使者刘仲禄请丘处机出山。刘仲禄向丘处机表达了成吉思汗的仰慕之情，特别提到刘备对诸葛亮三顾茅庐的故事，并出示了成吉思汗的求贤诏书。丘处机认为这是一个劝说成吉思汗不要四处征伐的好机会，欣然前往。1222年四月丘处机赶到成吉思汗的营帐，拜见了成吉思汗。

成吉思汗听说丘处机远道而来，立刻接见了他，说道："道长不远万里而来，朕非常高兴。"丘处机回答道："使我奉命从远而来的，是天意。"成吉思汗当时忙于西征，特意让他住在大汗东面的帐幕里，以便能随时聆听他讲道。

丘处机在讲道的时候，针对蒙古人杀人掠夺的行为，强调统一天下，不能滥杀无辜，把这个道理娓娓道来。成吉思汗与丘处机讨论治国方略的时候，丘处机回答："为治之方，应该敬天爱民。"成吉思汗说："朕居住在漠北荒凉的地方，敬奉的是永恒的蓝天，克勤克俭，对待黎民百姓如幼子，对待将士如手足，身经百战，无一例外不身先士卒，怎么说不敬天爱民呢？"丘处机说："这样还不够，还要不嗜杀。"成吉思汗问道："打仗怎么可能不杀人？"丘处机说："天道好生而恶杀，陛下应该要做到外修阴德、内固精神。"

成吉思汗听了之后，觉得非常有道理，他接着问："世上有没有长生不老的药？"丘处机说道："只有长生之道，没有长生之药。长生之道在于清心寡欲。"成吉思汗对丘处机大加赞赏，称他为神仙。

1223年，丘处机启程归东，定居燕京（今北京）。成吉思汗让丘处机掌管天下道教，免除全真教徒的赋税徭役，其目的是利用宗教来加强对中原地区的统治。

窝阔台即位

成吉思汗因为在行军过程中坠马受伤,加上天气原因,健康情况加速恶化,很快便去世了。成吉思汗去世以后,按照他的遗诏,遗体被秘密运回漠北。由于在护送遗体的过程中,护送队伍要把沿途看到遗体的人全部杀掉,并且遗体被深埋之后,又命成千上万的马匹把墓地踏平,使得墓地与其他地面无异,所以至今人们都没有找到成吉思汗的陵墓。但成吉思汗病逝之后,汗位却空缺了两年之久。

早在成吉思汗西征花剌子模的时候,成吉思汗的宠妃也向成吉思汗提出过汗位继承人的问题。她对成吉思汗说:"生命无常,大汗现在身体坚如磐石,但是一旦垮下,蒙古应该交给谁来掌管?这事情应该早点定下来。"因此成吉思汗召集诸子进行商讨汗位继承的问题。成吉思汗询问长子术赤的意见,但是二子察合台以为成吉思汗要将汗位传给术赤,就骂术赤是"蔑儿乞野种",不配称汗。术赤的出生一直备受争议,因为当年成吉思汗救回被蔑儿乞人掳走的孛儿帖,不久之后,孛儿帖就生下了术赤。在汗位继承这个问题上,兄弟们争得面红耳赤,后来,三子窝阔台处事沉稳,成吉思汗指定他为皇位继承人,拖雷作为监国,众兄弟都答应了这个安排。

成吉思汗死后,理应由窝阔台继承汗位。由于路途遥远、交通不便,很多重要将领无法准时参加忽里台会议,忽里台会议的举行一拖再拖。所以成吉思汗病逝之后,窝阔台登上汗位之前,拖雷一直行使监国大权。直到1229年,忽里台才正式商定大汗登基的事情。

蒙古重臣耶律楚材很清楚，长子术赤已经去世，拖雷与察合台双方的势力强大，且相互之间有所争执。窝阔台能否成功继承汗位，与拖雷、察合台两人的态度有密切关系。

于是耶律楚材拜见拖雷，说道："我夜观星象，这几天是大汗之位确立的黄道吉日，过了今天就没有黄道吉日了。国家大事一定要早日确定，不然怕夜长梦多。"拖雷只好答应去忽里台议会。耶律楚材又前去动员察合台，说道："您是窝阔台的亲哥哥，如果您能带头拥护新大汗，其他人不敢不拜。"由此，耶律楚材主持下的忽里台会议获得圆满成功。

"治天下匠"耶律楚材

1190年，耶律楚材出生在金朝中都（今北京），他是辽太祖耶律阿保机的九世孙。耶律楚材自幼饱读诗书，学识渊博。

成吉思汗攻占中都之后，求贤若渴，他听说耶律楚材学识渊博，特意召见了耶律楚材。成吉思汗西征之际，耶律楚材作为文书官常伴左右。相传成吉思汗到达东印度铁门关的时候，看见一只名叫"角端"的怪兽，成吉思汗心生疑虑，急忙问耶律楚材。耶律楚材正想劝成吉思汗停止西征，便乘机回答："这只祥兽的出现，预示着天降祥瑞，提醒陛下好生而恶杀，应该保全百姓性命。"成吉思汗听了耶律楚材的话之后，当天下令班师回朝。因为耶律楚材的劝诫，避免了蒙古军西征给百姓造成更大的伤害。

蒙古大军初入中原的时候，依然按照游牧的生活方式，见人就杀，见物就抢。还没有意识到农业生产的重要性。窝阔台继承汗位之后，大臣别迭仍然主张杀掉中原百姓，宣扬把农田变为牧场的政策。

耶律楚材坚决反对，他对窝阔台说："陛下如果攻伐金朝，军事费用需要经济支撑。如果让汉人继续进行农业、手工业生产，政府可以向他们征税，这样的话，国家可以提高经济收入来源。"窝阔台听了之后，命耶律楚材管理中原地区赋税的征收。耶律楚材兢兢业业，督促生产、征收赋税。三年后，耶律楚材征收了大量的赋税，他把这个成果呈献给窝阔台，窝阔台对耶律楚材大加赞赏。后来，窝阔台还把中书省的大印交给耶律楚材，让他负责中原地区的政务。

蒙古军习惯于攻城之后进行屠城，耶律楚材总是极力劝阻蒙古军不要滥杀无辜。1233年，速不台进占汴京（今开封），汴京军民顽强抵抗，攻城之后蒙古军都希望按照惯例，进行屠城，以安定军心。耶律楚材连忙上奏："将士辛苦奋战，希望得到土地和人民，如今得到土地而杀了百姓，这有什么用呢？"速不台听后觉得有道理，因此同意不再屠城，耶律楚材挽救了汴京四十七万百姓。

耶律楚材曾经说过："治弓需要弓匠，治天下需要天下匠，儒臣文士就是治天下匠。"耶律楚材确实为蒙古的发展贡献了自身的力量，使得蒙古的政治、经济得到了更好的发展，且更为适应中原地区的发展。

拔都西征

成吉思汗在位期间，第一次西征打败了斡罗斯（今俄罗斯）和钦察联军，但是斡罗斯没有臣服于蒙古的统治，而且钦察诸部也没有完全被打败。窝阔台继承汗位的时候，他对这件事情耿耿在怀。

蒙古军灭掉金朝之后，窝阔台召开忽里台大会，筹划西征。在这次忽里台大会上，窝阔台决定派遣各系宗王率兵远征斡罗斯、钦察、勃烈儿（波兰）、马札儿（匈牙利）诸地。术赤的长子斡儿答和次子拔都、察合台的长子拜答儿和长孙不里、窝阔台的长子贵由、拖雷的长子蒙哥等人都参加了这次西征。拔都为统帅，速不台为先锋，率领十万大军浩浩荡荡地开始了西征大业。

1236年秋，拔都率领众将在不里阿耳（今伏尔加河中游）征服了押亦河（今乌拉尔河）以北的巴只吉惕部落。速不台攻下不里阿耳都城（今卡玛河与伏尔加河汇流处以南）之后进行屠城，拔都命令蒙哥率领军队攻打钦察、阿速。1237年春，也的里河（今伏尔加河）下游的钦察部首领八赤蛮被蒙古军擒杀。随后拔都率领诸将征服莫尔多瓦国。同年秋，拔都率兵攻打斡罗斯，蒙古军势如破竹，紧接着也列赞人（今俄罗斯梁赞附近）拒绝臣服于蒙古国，蒙古军攻破城池之后进行了屠城。1239年冬，贵由和蒙哥率军攻下了阿速国都篾怯思城。

1241年初，蒙古军终于征服了斡罗斯诸公国，蒙古西征军队经过修整之后，又兵分两路攻打勃烈儿（今波兰）和马札儿（今匈牙利）。蒙古西征军横扫西亚和中亚地区,当时欧洲教皇和统治者们面对蒙古大军的如此凶猛攻势,毫无招架之力,他们认为蒙古军的进攻是上帝的惩罚。因为突厥人称蒙古人为"鞑靼"(Tatar),这让他们联想到"地狱"(Tartarus)。正当欧洲笼罩在黑暗之中,从蒙古帝国传来的一个消息改变了欧洲即将全部沦陷的历史进程——1242年,窝阔台汗病逝。蒙古西征军的军心涣散,窝阔台的长子贵由和拖雷的长子蒙哥急于回到蒙古争夺汗位,其他将领需要返回蒙古,参加忽里台大会,推举新的大汗。

拔都得到窝阔台的死讯后也率军东返,但是他无意新可汗权位的争夺。1243年初,拔都回到伏尔加河下游地区,以萨莱城为首府,建立了钦察汗国,又称"金帐汗国"。

贵由到蒙哥的汗位转移

窝阔台继承汗位之后，他对儿子阔出宠爱有加，想立他为继承人。但1236年阔出战死沙场，窝阔台就想指定皇孙，即阔出的儿子失烈门为继承人。可是窝阔台死后，窝阔台的妻子脱列哥那更倾向于立窝阔台长子贵由为汗，这个决定遭到蒙古贵族的反对。为了让贵由顺利继承汗位，脱列哥那派遣使者游说蒙古贵族和将领们。

1246年，忽里台会议在答兰答八思之地举行，蒙古贵族和将领们推举贵由为大汗。贵由登上汗位之后，脱列哥那仍然手握朝廷实权。但脱列哥那不久后就死去了，贵由的大汗地位得以稳定。1248年初，贵由汗认为叶密立的环境适合养病，因此决定向西迁徙。但贵由汗在迁徙的途中病逝。贵由汗死后，各派势力又开始争夺汗位。

由于汗位一时难以决定，只能先由贵由的妻子海迷失摄政。海迷失有意让自己的儿子火者、脑忽或者窝阔台的孙子失烈门继承汗位，以便汗位永远留在窝阔台一系。

蒙古有幼子继承家庭财产的习惯，成吉思汗的幼子拖雷继承了家庭财产，但是没有继承汗位，拖雷的妻子唆鲁禾帖尼和她的儿子蒙哥等人一直耿耿于怀，贵由汗的早亡给了他们再次夺取汗位的机会。为了夺取汗位，唆鲁禾帖尼利用钦察汗国拔都与贵由的矛盾，进一步拉拢拔都，挑拨术赤一系与窝阔台一系之间的矛盾。

贵由汗死后，拔都在钦察汗国东境召开忽里台会议，推举拖雷长子蒙哥为大汗。窝阔台一系与察合台一系以忽里台会议没有在蒙古本地举行为由，拒绝参加会议，并且拒绝承认蒙哥为大汗。

　　按照蒙古传统惯例，汗位选举需要各系各室宗王的一致同意，如果忽里台会议人数缺席，仍然不能确定大汗。于是拔都又决定在克鲁伦河召开忽里台选汗大会。窝阔台一系与察合台一系再次抵制这次大会。1251年夏，拔都不顾他们的反对，在克鲁伦河和鄂嫩河源的阔帖兀阿阑强行召开忽里台大会，到会的各系宗王共同推举蒙哥为汗。

　　选举之后，火者、脑忽和失烈门等人率兵而来，企图杀死蒙哥。蒙哥得到情报之后，派兵镇压，活捉三人并且攻灭了这股叛军。

　　蒙哥即位之后，镇压察合台和窝阔台两系政敌，处死了贵由的妻子海迷失以及贵由汗的亲信大臣，巩固了自己的汗位，这时的汗位又转到拖雷一系手中。

旭烈兀西征

成吉思汗在位期间,他发起了第一次西征,灭掉了花剌子模,但是花剌子模的国王札兰丁在战争中侥幸逃脱,蒙古军一直都没有擒获札兰丁。蒙古军撤兵之后,逃匿的札兰丁从印度回到波斯(今伊朗地区),在波斯地区重新建立花剌子模政权。

窝阔台继承大汗之位之后,他派遣大将绰儿罕继续讨伐花剌子模残党,札兰丁逃到波斯西部的山中,但是1231年当地居民杀死了扎兰丁。此后的二十多年,西亚地区的木剌夷国(又称"亦思马因国",今伊朗北部地区)、报达(巴格达)的阿拔斯哈里发帝国等地一直反抗蒙古军的进攻,蒙古军没有彻底征服整个波斯。

蒙哥继承大汗之位之后,他决定派旭烈兀再次西征。1255年秋,旭烈兀在撒麻耳干扎营。1256年初,旭烈兀所率领的蒙古军所向披靡,一路征伐了周边许多小国,同年六月初,旭烈兀率军抵达了木剌夷国。并于1257年初攻占了木剌夷国。

1257年底,旭烈兀率军攻打到阿拉伯帝国阿拔斯王朝。攻打报达城之前,旭烈兀对阿拔斯王朝的领袖哈里发提出投降的要求。哈里发虽怯懦无能,但仍忽略了旭烈兀对他的警告,拒绝投降以负隅顽抗。

1258年二月,旭烈兀率领蒙古军层层围困城池,同时对哈里发发起猛烈攻击。哈里发招架不住蒙古军的强攻,于是率领城中官员向蒙古军投降。由于哈里发之前拒绝投降并且守城抵抗,报达城遭到蒙古军的屠城。旭烈兀为了尊重哈里发的身份,他命令对哈里发实行不流血的处死方式。最终哈里发被放在麻袋中,由千军万马践踏而死。

1259年九月,旭烈兀由阿哲儿拜占(今阿塞拜疆)出发,进军叙利亚。1260年初,蒙古军攻破叙利亚地区的伊斯兰阿尤布王朝,随后旭烈兀进攻埃及马姆鲁克王朝。

不过蒙哥汗的死讯停止了旭烈兀的征伐,旭烈兀班师东还。旭烈兀通过这次西征,他在波斯地区建立了伊利汗国(又称"伊儿汗国"),以帖必力思(今伊朗不里士)为都城,报达城为陪都。伊利汗国处于欧亚地区的交通要道,为中西方经济文化的交流发展做出了不可磨灭的贡献。

另外,旭烈兀所建立的伊利汗国、拔都所建立的钦察汗国、窝阔台后裔所建立的窝阔台汗国以及察合台后裔所建立的察合台汗国,并称为四大汗国。

忽必烈与阿里不哥的汗位之争

蒙哥即位之后,命令阿里不哥留守哈喇和林。由于阿里不哥常年居住在蒙古,不常与外界联系,因此他对中原的经济、政治、文化和军事实力一无所知。后来,以阿里不哥为核心的统治势力,逐渐形成一个坚持蒙古旧俗的保守派。

而蒙哥即位之后将漠南汉地全交付给忽必烈管理,但是在忽必烈谋臣姚枢的建议下,忽必烈向蒙哥汗"自请唯掌军事",以防自己因权势过大而引发猜忌。

但蒙哥还是坚持要他掌管漠南所有大事,因此1252年忽必烈正式受命统领漠南诸事,南进驻扎在金莲川(河北沽源县至内蒙古自治区正蓝旗一带)之地,开府建衙。忽必烈广纳人才,各族知识分子和各方面的人才相当齐备,包括王鹗、姚枢、郭守敬、阿合马等人。正是有这些人的辅佐,忽必烈渐渐倾心于"以汉法治汉地",并且适当变通蒙古旧俗。

阿里不哥与忽必烈的斗争也体现在蒙古是否推行汉化的问题上。

当蒙哥攻打钓鱼城的时候,忽必烈正从荆州向鄂州(今武昌)进发。八月初大军渡过淮河,进入大胜关,然后抵达长江北岸。由于南方环境恶劣,蒙哥在攻打钓鱼城的途中病逝。蒙哥的异母弟末哥立即派使者去通告忽必烈。使者对忽必烈说:"蒙哥请你回漠北,希望以你的威望维系天下人心。"忽必烈觉得奉命南征,不能无功而返,仍然率兵渡江,攻打鄂州。眼看将要攻下鄂州,南宋皇帝急忙任命贾似道为右丞相,让他率兵支援。宋军还没与蒙古军交战，贾似道就偷偷派遣使者向忽必烈议和。正在贾似道要求议和，忽必烈举棋不定的时候，忽必烈的妻子从漠北带来消息，阿里不哥正在策划继承汗位，并且开始发兵漠南了。由此，忽必烈立刻答应贾似道划长江为界，南宋向蒙古称臣，忽必烈率兵北返。

中统元年（1260）三月，忽必烈到达开平（今内蒙古正蓝旗东），在部分蒙古贵族的支持下召集忽里台，登上大汗之位。阿里不哥听说忽必烈抢先当上了大汗，立即召集周围的旧贵族召开另一个忽里台会议，并且宣布称汗，讨伐忽必烈。此时，蒙古国出现了两个大汗。

1260年秋，忽必烈征伐和林，阿里不哥狼狈而逃。第二年，阿里不哥假装归顺，采取突袭的办法占领和林。双方在昔木土脑儿（今蒙古苏赫巴托南）展开激战，阿里不哥溃不成军，部下纷纷投靠忽必烈。1264年，众叛亲离的阿里不哥不得不向忽必烈投降。

李璮之乱

李璮是金朝末年红袄军领袖李全的养子，李全曾经跟随起义军与金军进行英勇斗争，后来李全投降宋朝。1227年，蒙古军攻入山东的时候，李全又投降于蒙古军，他被任命为山东淮南楚州行省（又称益都行省）的长官。李全死后，李璮继承他的职位，统治益都（今山东益都）等地。中统元年（1260），忽必烈成为大汗之后，他任命李璮为江淮大都督。

随着李璮势力的逐渐强大，他并不甘心屈服于蒙古军。因此，他暗中招兵买马，积蓄力量，等待时机谋反。

中统三年（1262）二月，正当忽必烈与阿里不哥进行抗争的时候，李璮认为谋反的时机已经成熟，他联系了岳父中书平章政事王文统，率兵在山东益都发动叛乱。

忽必烈得知李璮叛乱的消息之后，询问汉人幕僚姚枢的意见，姚枢回答道："李璮如果有谋略的话，他会进攻燕京（今北京），占领庸关。退而求其次，如果他联合宋军，固守扰边。但是如果他只是出兵济南，等待汉地响应，那么他只能等着被俘了。如今看来，李璮选择了下策，大汗不必过于担忧。"忽必烈听过姚枢的分析之后，大喜过望，他立刻派遣哈必赤率领大军前往南方，讨伐李璮。

李璮叛乱之后，没有开展更积极的活动。中原汉族其他武装力量也没有响应李璮，反而与蒙古军联合，共同围剿山东。

李璮的叛军长期被围困，城内缺少粮食供应，城外又没有援兵，内外困境使得城内将士军心涣散。蒙古军中的汉人将领董文炳打算趁机招募李璮的爱将田都帅："城内只有李璮一人是叛将,你们只要投降,仍然是我们的人,希望你们不要自取灭亡。"田都帅见大势已去,率领部众投降,城内大乱。

中统三年(1262)七月,李璮企图投大明湖自杀,但是他没有被淹死。于是部下趁机将他捆绑起来,送给蒙古军,进行邀赏。参与围剿的蒙古军中的汉人史天泽、严忠济等人害怕李璮说出他们之间过去的关系,没有请示忽必烈的意见,就立刻把李璮处死了。

李璮叛乱之后,忽必烈对汉人的猜疑随之增加,降低了对汉人的信任度。为此,忽必烈开始剥夺汉族军阀的权力,实行军民分治,这也为蒙汉分治埋下了伏笔。

攻克襄樊

对于叱咤风云的蒙古军而言,征服南宋并不容易。早在攻占钓鱼城之际,受到南方复杂的地形以及湿热的气候环境影响,直接导致了蒙古大汗蒙哥的病逝。因此,蒙古军灭亡宋朝并不是一朝一夕的事。

这时候,一个叫刘整的汉人投降元朝。因为刘整对南宋地理环境了如指掌,忽必烈闻讯大喜过望,直接派兵去接应刘整。刘整觐见了忽必烈,建议忽必烈先拿下襄樊。襄樊是襄阳和樊城两座城池。这两座城池位于汉水中游,分别隔江而建,而且它们是通往长江中游盆地的最后要塞。

蒙古军如果南下伐宋的话,一共有三个突破口:破蜀入江、占领荆楚和直捣江淮。但是蒙哥攻占钓鱼城的失败已经证明攻取川东不是最佳的策略;而蒙古军攻打长江下游,也将会损失大量的兵力。相反,如果蒙古军拿下襄樊,就可以顺着汉水而下,攻陷鄂州。

于是,忽必烈调兵遣将,任命阿术为蒙古都元帅,刘整为汉军都元帅,率领大军奔赴襄樊两城。蒙古军采用"急攻缓取"的谋略,决定在襄樊战场打持久战,他们将襄樊围得水泄不通,以切断城内与外界的联系。

驻扎在郢州(今湖北钟祥)的宋朝将领李庭芝决定让张顺、张贵率领三千民兵,强行突破蒙古军的封锁线,将物资运往襄阳。可惜蒙古军围城紧密,绝大部分的宋人被蒙古军歼灭,张顺也壮烈牺牲。

但是蒙古军攻打襄樊多年,仍然没有攻破襄樊防线。这时候蒙古军中大将张弘范献计:"襄樊久攻不破,是因为两城之间有浮桥可以相互救援。我们应该烧断襄阳和樊城这两个城池之间的浮桥，使得两座城彻底成为孤城。到时候我军再进行围攻，肯定能够取得胜利。"于是阿术采纳了这个建议，调集火炮轰塌樊城城楼，樊城被蒙古军攻陷之后，襄阳更加孤立。至元十年（1273）二月，襄阳守城将领吕文焕无心恋战，开城投降。持续五年的襄樊之战终于宣告结束。

南宋最后的挣扎

元军攻打南宋,势如破竹,但是南宋军民的抗争可歌可泣。

南宋爱国将领文天祥誓死保卫宋王朝,但是此时的宋王朝早已飘飘欲坠,宋恭帝及宋朝宗室被掠到元朝。宋恭帝北迁元朝上都之后,忽必烈封他为"瀛国公"。宋恭帝赵㬎为了求得一丝生机,表示要去吐蕃学习佛法,并成为一代高僧。后来因为赵㬎吟诵"寄语林和靖,梅花几度开?黄金台下客,应是不归来",被人诬告有复国的动机,元朝因此将赵㬎赐死。

宋恭帝死后,南宋将领张世杰带着南宋残余的宗室益王赵昰、广王赵昺辗转来到福州,与陆秀夫、文天祥等人共同拥立年仅九岁的赵昰为帝,继续进行抗元斗争。小皇帝在蒙古军的追击之下,受尽惊吓,1278年五月赵昰病死在石冈州。随后,八岁的赵昺又被群臣拥立为帝,张世杰和陆秀夫共同辅佐赵昺。

至元十五年(1278)十二月,蒙古将领张弘范率军紧追南宋残余势力。元军攻打了漳州、潮州、惠州等地,宋军节节败退,最后元军在五坡岭(今广东海丰境内)擒获了文天祥。蒙古军敬佩文天祥的傲骨,想让文天祥投降,但是文天祥拒绝降元。当文天祥被押往元朝都城,经过珠江口外的零丁洋(今广东中山南)的时候,他想到当年在江西赣水惶恐滩起兵的情景,于是写下了著名的《过零丁洋》,表达了自己对南宋的赤子忠心。

至元十六年(1279),张弘范到厓山招降张世杰,张世杰大义凛然,拒绝降元,厓山士民也无一投降。于是张弘范封锁海口,使得张世杰率领的宋军只能喝海水，但海水并不能解渴，反而导致宋军上吐下泻，战斗力大为减弱。元军与宋军短兵相见。张世杰身受重伤，仍然领军拼死抵抗元军。眼看宋军全军覆灭，张世杰便抽取部分精兵保护幼帝，打算趁机带幼帝逃走。陆秀夫怕幼帝遭到元军的俘虏，抱起幼帝赵昺投海而死，南宋至此宣告灭亡。

文天祥在元营中听到张世杰与元军的厓山之战以及南宋灭亡的消息之后，心如刀割，写下了《哭厓山》这首诗，其中"诸老丹心付流水，孤臣血泪洒南风。早来朝市今何处，如悟人间万法空"表现了文天祥内心万念俱灰的悲凉。

元军东侵日本

忽必烈在灭宋之前和灭宋之后，曾经两次攻打日本，史称文永之役和弘安之役。在忽必烈入侵日本之前，高丽国王告诉忽必烈："日本列岛附近波涛汹涌，气候狂暴，最好连使者也不要轻易派出。"忽必烈认为这是拒绝与自己合作的推诿之辞，依然坚持东侵日本的决定。

至元十一年（1274）十月，元朝召集大小战舰九百艘，两万余名士兵，一万五千名水手。忽必烈任命蒙古人忻都为元帅、高丽人洪茶丘为左副元帅、山东人刘复亨为右副元帅，率军攻打日本。高丽国王也派金方庆率领大军随同元军一起出征日本。

一开始元军顺利占领对马、一岐两个岛屿。随后，元军占领了博多湾要地。此时由于元军孤军深入，将士们都疲惫不堪，同时远离大陆，难以保障后勤工作。雪上加霜的是，元军副元帅刘复亨中箭坠马。忻都做出了错误的判断，他认为元军伤亡较大，如果继续进攻，会遭到日本军民的埋伏。因此，他命令元军火烧博多，大肆掠夺。正当日本军民绝望之际，突然台风来袭，风雨大作，元军绝大部分战船被毁坏，有的战船则被日军当做战利品缴获。忻都不得不率领残军从日本撤退。

1281年五月，忽必烈命令元军第二次东征日本。日本吸取了第一次被元军打败的教训，在夜晚用小船偷袭元军船只进行反抗，导致元军不时遭到日军的骚扰，始终无法成功登陆。元军大多数船只被破坏，并且粮食所剩无几。八月，日本突然台风大作，元军的战船都被破坏，很多元军溺水而亡。

残存的元军推举张百户为主帅，打算造船逃回国内，但是他们被日军攻杀，元军中剩余的汉人则被日军俘虏。

这次的东征比第一次东征更为惨烈。在两次东征日本失败之后，忽必烈依然想发动第三次东征。但是此时元朝没有多余的兵力投放到日本，因此第三次东征日本的计划暂时搁浅，直到忽必烈驾崩，元朝都没能再次东征日本。

敛财大臣阿合马之死

由于元朝连年征战，国家财库日益枯竭，因此忽必烈渐渐重用敛财大臣。由于色目人阿合马擅长敛财，逐渐得到忽必烈的信任。中统二年（1261）阿合马被任命为上都（今内蒙古正蓝旗东）同知，次年领中书左右部兼诸路都转运使，开始负责理财。至元元年（1264）阿合马被升为中书平章政事，掌握了朝中财政大权。

阿合马主要通过发行纸币以及控制盐铁的方式，从而取得成效。阿合马通过滥发纸币，榨取社会财富，导致元朝物价飞涨。此外，阿合马禁止民间经营矿冶、盐铁行业，建议实行官府垄断经营。阿合马理财专权长达二十年之久，可以说是忽必烈经济政策上最得力的助手，他的经济措施满足了忽必烈频繁远征的要求。

但是，阿合马的这些敛财举措容易招致民怨。与此同时，他还恃宠专权，排挤儒士张文谦、廉希宪等人。右丞相安童因为批评阿合马，被革去相职，外调到阿力麻里。因此朝廷上下对阿合马的行为日益不满。太子真金一向与阿合马不和，甚至当着忽必烈的面，殴打过阿合马。益州千户王著甚至秘密铸造了一个大铜锤，与一个叫高和尚的僧人合谋，立誓要等待时机，锤杀阿合马。

至元十九年（1282）三月，忽必烈与太子真金等人离开大都（今北京）前往上都，派阿合马留守大都。王著认为杀死阿合马的时机已到。他和高和尚密谋，联络了八十余人，找了一个貌似太子真金的人假扮成太子。王著把大铜锤藏在袖中,带着这群人马,假称太子回京做佛事。当他们进入大都的时候,要阿合马出来迎接。阿合马刚一出来,王著当场把他抓住,从袖中取出大铜锤,阿合马当场死亡。

守卫大都的官兵,一看情况有变,急忙捕杀叛乱者。王著挺身而出,泰然就擒,高和尚也被逮捕。

忽必烈知道叛乱的消息之后,勃然大怒。王著当即被判死刑,他在临刑的时候,视死如归,说道:"我是为天下百姓除害,今天赴死,将来必定有人赞扬我的事迹。"

事后,群臣揭发阿合马的种种罪行,忽必烈下令彻查阿合马。结果阿合马府中藏有大量的金银财宝,并且妻妾多达五百人。更让忽必烈恼火的是,在阿合马家里搜出一张人皮,阿合马的小妾招供说这是每天用来下诅咒的物品,忽必烈认为阿合马这是在咒自己早死。他下令将阿合马剖棺戮尸,让狗吃了他的肉。

元初第一权奸阿合马,以这样一种凄惨的方式谢幕了。

成宗的守成政治

忽必烈死之前，太子真金已经病死。所以，皇位由太子真金的儿子来继承。真金与太子妃阔阔真育有三子，分别是甘麻剌、答剌麻八剌以及铁穆耳。答剌麻八剌早年夭折，而太子妃阔阔真并不喜欢长子，她更喜欢铁穆耳。所以在确立储君的过程中，阔阔真拥立铁穆耳与不忽木、伯颜以及月鲁那颜不谋而合。

但是忽必烈驾崩之后，蒙古诸王聚集上都召开忽里台大会。由于铁穆耳没有传国玉玺，阔阔真指派御史中丞崔彧献玉玺。在大会上，崔彧说，这块玉玺来自太师国王木华黎的一个曾孙世德的老婆。崔彧假装不认识字，遍示群臣，汉臣看见玉玺立刻说道："受命于天，既寿永昌，这是传国玉玺啊！"于是，崔彧将玉玺上交给阔阔真。阔阔真当着众人的面，亲自将玉玺授予铁穆耳，铁穆耳由此登上帝位，是为成宗。

成宗执政期间，基本上维持着守成的局面，对内、对外都强调惟和。元成宗没有世祖忽必烈那样具有开拓进取的雄心，所以成宗时期是一种"世道清平、人获休息"的社会风貌。

然而由于为了维护元朝政治边疆的稳定，皇帝需要大加赏赐群臣。成宗常常大肆挥霍，对群臣的赏赐丰厚，导致元朝财政入不敷出。另外，元朝冗官冗员增多，使得行政效率特别低下。元朝存在的诸多隐患导致了社会的不安定。

大德七年（1303），江南两名漕运万户朱清与张瑄，因为行贿以及谋反等罪名被下狱，朱清后来自杀身亡，张瑄被处死。右中书宰执官员多人，甚至大臣完泽都牵涉到这个案件之中，这在社会上引起轩然大波。

宋末元初，朱清与张瑄只是走私食盐的海盗。后来他们投降元军，讨伐南宋的时候，立下赫赫战功。至元十九年（1282）元朝希望能把南方漕粮大规模北运大都，朱清与张瑄建议从海路往北运输。这一建议得到了元朝政府的采纳。于是朱清与张瑄置办海船，研究海运路线，缩短了漕粮北运的时间，并且方便了南北的交通运输。两人因为开通这条海运路线而发家致富。张瑄被任命为江南行省左丞，朱清则由都漕运万户而升官为河南行省左丞。但是他们私自置办大批海船，笼络官员，参与东南亚诸国的商业贸易，这严重损害了元朝政府的海上贸易利益。

朱清和张瑄的案件平定之后，贪污以及滥加赏赐的现象并没有减少，成宗末期不仅财政面临危机，而且整个社会的危机也越来越突出。

海都之乱

在忽必烈和阿里不哥争夺汗位的时候,海都支持阿里不哥。阿里不哥战败之后,海都并不服输,仍然不断积蓄力量,密谋夺取汗位。

至元六年(1269),海都召集察合台和术赤两个系的宗王军队在答剌速(今塔拉斯)河畔召开忽里台,海都被众人拥立为汗。他们发誓保持游牧生活与蒙古旧俗,共同对抗忽必烈。

至元二十四年(1287),海都又串通乃颜发动了声势更大的叛乱。忽必烈得知乃颜叛乱的消息,勃然大怒。他立刻调动蒙古大军,带病亲征。忽必烈令大将伯颜率领军队进军和林,截断乃颜和海都的联系,自己则亲率大军去讨伐乃颜。

忽必烈率军秘密出击,在拂晓的时候,忽必烈大军突然出现在乃颜的营前,乃颜闻讯后慌忙组织军队进行抵抗。忽必烈下令让士兵进攻乃颜,但是很多蒙古将领是乃颜的将校或者亲属,双方只是军前对阵,并没有开战。

见此情景,忽必烈急忙让李庭、董士选所统领的汉军采用汉法战斗。乃颜则率十万余军队,把战车摆在军队周围,加强防守。忽必烈指挥步兵手持长矛,在火炮的掩护下进攻乃颜的战车部队。双方进行了一番激战,死伤无数。乃颜无法招架忽必烈军队猛烈的进攻,败下阵来。在逃跑的过程中,乃颜被追兵擒获,忽必烈把乃颜裹在毯子中,骑马来回拖拽践踏,直至踏死。

忽必烈平定乃颜叛乱之后,至元二十六年(1289)他再次亲征攻伐海都,海都闻讯,急忙逃到阿尔泰山一带。

成宗大德五年（1301），海都又与柴河太、窝阔台两系的后王一起率军越过阿尔泰山，企图再次发动叛乱，元成宗派海山率兵迎战，海都重伤不治，死于归途。

八百媳妇国之战

元成宗坐稳帝位后,国内一片祥和,并没有大事发生。大德四年(1301)年底,身在云南的行省左丞刘深喜欢生事,就以八百媳妇国没有臣服元朝为由,建议元成宗征服这个国家。八百媳妇国位于今泰国清迈与缅甸掸邦一带,是泰族早期历史上一个强大的政权。由于首领的妻女众多,各统一寨,所以号称"八百媳妇"。

于是大德五年(1302)正月,元朝发钞十万锭用来作为军费,命刘深前往讨伐该国。刘深率兵从云南出发,取道顺元(今贵州贵阳),但是还没到八百媳妇国,西南热带恶劣的气候环境,使得元军还没出战,就已死伤无数。不仅如此,刘深还令水西(今黔西)土司之妻蛇节出马三千、银三千来资助元军。蛇节不愿意出钱,就与云南当地另一个土司宋隆济联手,一起起兵反抗元军。

这些蛮军起兵联合攻打元军据点杨黄寨,然后猛攻贵州,杀掉了元朝贵州知州,并把刘深所率领的元军包围在深山之中。

幸亏元朝的宗王阔阔相救,刘深才没有被人杀掉。而远征缅甸的元军在回朝的途中,被金齿部(今镇西)土著围攻,元军死伤无数。金齿部是靠近八百媳妇国的部落,他们响应八百媳妇国,四处击杀元朝官吏,导致元朝西南陷入动荡。在这种情况下,志大才疏的刘深只好率领数千残兵撤退,但是他们一路被宋隆济所率士兵追杀,大军几乎伤亡殆尽。

元成宗深恨刘深指挥不力,无能败军,于是下旨罢免刘深官职,同时派遣刘国杰率军征讨松隆基和蛇节等人。刘国杰诱敌深入，蛇节被迫投降，元成宗立即下令将蛇节处死。宋隆济本来已经逃亡了，不久宋隆济被他侄子献给元军。元朝损失数十万兵力，才换回西南的平定。事后，元成宗下诏杀掉了始作俑者刘深。

武宗海山的夺权之路

大德十一年（1307），元成宗病死。因为成宗的儿子随后也病逝，元朝皇位没有指定候选人，皇室内部又开始了一场激烈的皇位争夺战。

元成宗皇后卜鲁罕在皇帝死后临朝摄政，她本人想拥立安西王阿难答为帝。掌管朝廷中枢和卫军系统的中书右丞相哈喇哈孙以及朝中很多官员都不同意卜鲁罕拥立阿难答为帝的计划。因此，哈喇哈孙一方面假装称病与卜鲁罕进行周旋，另一方面派人通知海山及其弟弟爱育黎拔力八达尽快返回大都，参与支援皇位的争夺。而海山自从大德三年（1299）以来一直在北部边境为元成宗抵御海都诸王的入侵，手握兵权。所以又有捍卫边疆的功劳，他的确是继承皇位的最佳人选之一。

在卜鲁罕意图发动政变夺权之前，爱育黎拔力八达与他的母亲赶到大都，立刻处死了卜鲁罕和阿难答。爱育黎拔力八达很快控制了局面，暂时执行监国权力，等待兄长海山继承皇位。

1307年，海山在上都即位，史称元武宗。同年次月，武宗下旨封自己的弟弟爱育黎拔力八达为皇太弟。这个册封一方面是对爱育黎拔力八达拥戴之功的回报，另一方面实属无奈。

在爱育黎拔力八达监国的时候，答己为她的两个儿子推算星命，结果显示，如果立爱育黎拔力八达为帝，则国祚繁荣长久。如果立海山为帝，则国运衰落。其实答己的意思十分明显，就是希望海山能够接受自己的主张，让爱育黎拔力八达称帝。海山得知这个消息之后，表明了自己当仁不让的态度，同时他亲率大军兵分三路东进，准备以武力夺取政权。

答己意识到事情发展到这一步的严重性，于是她在两个儿子之间做出妥协：爱育黎拔力八达结束监国职权，海山即位为帝，之后海山立爱育黎拔力八达为皇太弟，并约定"兄弟叔侄，世世相传"。

武宗即位之后，为了得到诸王、群臣对自己的拥戴和支持，大肆封赏支持自己的诸王和大臣。两年期间他加封了十四个"一字王"，打破了只有大汗之子才能加封的惯例。武宗又在经济上对这些诸王、功臣大加赏赐，使得元朝政府财政状况越来越恶化。至大四年（1311），在位不满五年的武宗去世。

元朝：来自草原的霸主 ▶▷

元仁宗中兴

元武宗死后，其弟爱育黎拔力八达即位，史称元仁宗。仁宗即位之后，立刻推行了一系列休生养息的政策，比如：罢止国家垄断食盐行业，罢止江南地方大量印制佛经，罢行至大银钞和铜钱，禁止寺僧侵占民田等等。这些举措都大大促进了地方经济的恢复发展，达到了"中兴之治"。

与此同时，仁宗恢复了废止八十多年的科举制度。元朝科举制度自元仁宗皇庆二年（1313）年底开始实行，在一定程度上改变了元朝儒士的社会地位，并且通过科举制度，元朝获得了很多人才。所以仁宗皇庆、延祐年间，以"儒治"著称于世。

仁宗之所以推行科举，与他早年师从名儒李孟学习儒家伦理和政治观念有着密切的关系。仁宗在《行科举诏》中明确表示，历代以来科举考试的考试科目重视词赋，大多华而不实。因此仁宗所实行的科举考试，除了诗赋、诏诰章以外，还有"明经"和"策问"。程朱理学对儒家的经典阐释，成为考试的标准。科举考试每三年一次开试，设乡试、会试、殿试，分左、右两榜，分别录取汉人、南人、蒙古人与色目人。

延祐元年（1314）八月，全国开始举行乡试。延祐二年（1315）录取进士五十六人，延祐五年（1318）录取进士五十人，总共为一百零六个进士。因为仁宗在延祐年间的开科取士，史称"延祐复科"。

但是仁宗和儒臣们在推行"以儒术治国"的中原传统方针的时候，一直受到其母后答己和中书右丞相铁木迭儿为首的蒙古保守集团的掣肘。仁宗受儒家传统文化熏陶,对母后答己非常孝顺,这导致他在面对答己集团时,只能小心谨慎,使得许多改革成效大打折扣。铁木迭儿由于与答己关系亲密,受到她的庇护,所以仁宗对铁木迭儿的许多贪奸不法行为无法追究。仁宗曾两次试图治铁木迭儿的罪,都以失败告终。

英宗新政与南坡之变

元武宗信守"兄终弟及"的承诺，把皇位传给自己的弟弟爱育黎拔力八达。但是到元仁宗时，他私心作祟，不愿意将皇位传给侄子，想要立自己的儿子硕德八剌为皇太子。

在这件事情上，太后答己和铁木迭儿认为硕德八剌年幼无知，便于控制，从而支持仁宗的决定。延祐二年（1315）仁宗封武宗长子和世㻋为周王，让他出兵云南，仁宗的这个决定无异于将和世㻋流放。

延祐七年（1320）正月，年仅三十六岁的仁宗驾崩，其子硕德八剌即位，为元英宗。仁宗去世之后，答己仍然把持朝廷大权。她重新重用铁木迭儿，任命他为右丞相。英宗即位之后，尊答己为太皇太后。但是年仅十八岁的英宗年轻气盛，锋芒毕露，处事果断。他倾向于继续推行"以儒治国"的方针，这就不可避免地与答己、铁木迭儿为首的集团利益相冲突。为此，答己后悔，觉得当初不该立英宗为帝。

英宗为了巩固自身的地位，同时为了抑制答己和铁木迭儿的势力，他开始在朝廷中枢机构中安排自己信任的人。英宗下诏以拜住为中书左丞相，拜住是木华黎的后裔、安童的孙子。拜住被任命为中书左丞相的时候，年仅二十五岁。两位血气方刚的年轻人，他们有着共同的志向，锐意改革，推行儒治。

至治二年（1322）二月，铁木迭儿和太皇太后答己相继去世，元英宗终于迎来了亲政的大好时机。右丞相铁木迭儿一死，英宗立刻任命拜住为右丞相，积极地任用汉人知识分子，同时推行裁减冗官、精简机构、节制财用等政策，大力清查铁木迭儿余党贪赃枉法之事。

英宗的改革势必触及到大多数保守的蒙古、色目贵族的利益，招致他们的抵制和反对，尤其表现在英宗处置铁木迭儿势力的问题上。最终，铁木迭儿的养子铁失选择铤而走险，上演了一出权臣弑君的历史悲剧。

至治三年（1323）八月，英宗与右丞相拜住等人从上都南返大都。铁失认为篡位的时机成熟，迅速与漠北的晋王也孙铁木儿联络，许以事成之后立他为帝。当英宗一行宿营在南坡店（今内蒙古正蓝旗东北），铁失等人突然率军攻入英宗营帐，杀死了英宗和拜住，史称"南坡之变"。

元文宗与元明宗的帝位争斗

元英宗被杀之后,由晋王也孙铁木儿继承皇位,史称泰定帝。这位泰定帝在位仅五年,但史书对他颇有赞誉,《元史》称,他在位的这段时间,"天下无事,号称治平"。致和元年(1328)七月,泰定帝驾崩。

泰定帝驾崩后,元朝皇位空缺。当时身在大都的佥枢密院事燕铁木儿,有调动天下军队的大权。燕铁木儿之前蒙受武宗之恩,所以他胁迫大都百官,要立元武宗之子为帝。正在上都的丞相倒剌沙与皇后八不罕听闻之后,赶紧立泰定帝的儿子,年仅九岁的阿速吉八为帝,并改元天顺。

因为元武宗长子和世㻋远在漠北,次子图帖睦尔在江陵。燕铁木儿派人去江陵迎接图帖睦尔来大都。图帖睦尔赶到大都即位,是为元文宗。文宗是武宗的次子,按照中国古代的传统继承习惯,应该由嫡长子继承皇位。因此,图帖睦尔声称,自己只是暂时代理监国职务,如果长兄和世㻋一到,立即让位给长兄。

天历二年(1329)正月,和世㻋在和林称帝,是为元明宗。他即位以后,便率兵南返京师。同年三月,燕铁木儿率兵来迎,献上皇帝玉玺,明宗封图帖睦尔为皇太弟,加拜燕铁木儿为太师。同年八月,图帖睦尔亲率大军,双方会于王忽察都(今河北张北)之地,兄弟相见,握手言欢。明宗下令大摆宴席,尽显兄弟之谊。但是宴饮后不久,明宗突然暴死。图帖睦尔听闻明宗的死讯后,立刻跑入明宗的帐中,痛哭不止。

明宗死后,图帖睦尔随即在燕铁木儿等人的拥戴之下,再次登上帝位。天历二年(1329)所发生的明宗暴死、文宗复位的事件,史称"天历之变"。

元顺帝与燕铁木儿

元文宗图帖睦尔在位四年多，因为过度酗酒，在1332年病死，死时年仅二十九岁。他死后，燕铁木儿想立图帖睦尔亲子、自己的义子燕帖古思为帝。文宗皇后卜答失里想到自己刚刚被立为皇太子就病死的儿子，认为帝位不吉，决定立元明宗小儿子懿璘质班为帝，是为元宁宗，但这位小皇帝在位仅五十三天就病死了。

燕铁木儿认为这回应该立燕帖古思为帝了，但是卜答失里护子心切，坚决不同意，她主张让时年十三岁的妥懽帖睦尔来当皇帝，大有让他替自己儿子洗去"晦气"的意思，想等妥懽帖睦尔死后再让自己的儿子燕帖古思当皇帝。

妥懽帖睦尔是元明宗长子，他的生母罕禄鲁氏是明宗狩猎的时候所娶的妻子。至顺元年，明宗皇后八不沙与罕禄鲁氏均被杀害。妥懽帖睦尔先被驱逐到朝鲜半岛的大青岛中，并被限制与外界接触。一年之后，又被放逐到广西静江。

直到至顺三年（1332）十一月，妥懽帖睦尔才被迎回大都，燕铁木儿出城迎接妥懽帖睦尔归来。燕铁木儿向妥懽帖睦尔表达了自己的推戴之意，试图向妥懽帖睦尔示好。大概由于害怕，妥懽帖睦尔一言不发。燕铁木儿本来就是害死妥懽帖睦尔父亲的真凶，燕铁木儿见妥懽帖睦尔一路沉默，对他的疑虑进一步加深，致使妥懽帖睦尔到达大都好几个月，仍未能即位。期间，燕铁木儿一直手握大权，权倾朝野，一切朝政大事均由他来裁决，为了巩固自己的地位,进一步控制妥懽帖睦尔,他还把自己的女儿嫁给了妥懽帖睦尔。

  但这位权臣过度荒淫,很快掏空了身体,于至顺四年(1333)暴毙而亡,妥懽帖睦尔才得以继承皇位,是为元顺帝。妥懽帖睦尔虽然继承皇位,但其实权仍掌握在燕铁木儿的家族手中,其弟撒敦为左丞相,儿子为御史大夫。直到这年六月,在右丞相伯颜的帮助下,元顺帝才将燕铁木儿家族的势力从朝野中清除出去。

权臣伯颜的倒台

当初，燕铁木儿南迎元文宗，首先给时任河南行省平章政事伯颜发密信，让他率兵保护时为怀王的妥懽帖睦尔北上。由于昔日元武宗待伯颜有恩，伯颜临危受命，在政治形式完全不明朗的情况下，答应了这个请求。

所以元文宗继承皇位之后，伯颜因为拥立有功，被升为太尉、太保、太傅，并且封为浚宁王，主管禁卫军。为了压制燕铁木儿家族的势力，顺帝拜伯颜为中书右丞相，又任命他为太师。自此，元朝进入伯颜专权的时代。

伯颜专权后，他试图铲除燕铁木儿家族的势力。燕铁木儿的儿子唐其势为了反抗伯颜，也采取了相对的措施。伯颜深知唐其势没有政治野心，乳臭未干，还是密奏顺帝说唐其势与其弟塔剌海、其叔答里以及蒙古宗王晃火帖木儿等人勾结谋反，想拥立文宗儿子燕帖古思为帝，危害江山社稷。

顺帝早年曾受制于燕铁木儿，因此十分痛恨燕铁木儿家族，接到这一密奏后，立即下诏让伯颜平定叛乱。结果，唐其势倒台，燕铁木儿家族的势力遭到严重打击。借着这次平反，伯颜进一步强大了自身势力，又加之顺帝的信任，从此，他开始了自己权倾朝野的时代。

伯颜掌权期间，推行了全新的改革措施。在经济方面，他主张减少宫廷支出，减轻赋税，对各地加大赈济，这是值得称道的地方。但是，在对待汉人方面，伯颜却十分狭隘。他禁止汉人参政，为了阻断汉人的仕途，（后）至元元年（1334）十一月，甚至要求顺帝下诏停止科举取士，史称"至元废科"。他还禁止汉人养马和拥有武器，他甚至提出杀光张、王、刘、李、赵五大姓氏的汉人。伯颜针对汉人的这些举措由于过于激进，加深了蒙汉之间的斗争，同时他把持朝政，独揽大权的行为也加深了顺帝对他的不满情绪，为其倒台埋下了伏笔。

而长期把持朝政也使得伯颜利欲熏心，竟然试图篡权。（后）至元六年（1340）二月，伯颜请顺帝和他一起去柳林（今北京通州区）狩猎，伺机杀害顺帝。顺帝在伯颜之侄脱脱的通风报信之下，了解到了伯颜的阴谋，便装病不去。

借此机会，顺帝命脱脱传达诏书，声讨伯颜的种种恶行，罢黜中书丞相，并将伯颜贬到河南。三月，又将其迁至南恩州阳春县。在前往阳春的途中，伯颜病逝。至此，一代权臣落寞谢幕。

脱脱冤案

脱脱因为罢黜伯颜有功，（后）至元六年（1340）十月，脱脱被任命为中书右丞相。元顺帝与脱脱的政见相合，都认为此时元朝应该推行新政，恢复国力，与民休息。他们一改伯颜时期的弊政，锐意改革。

十二月，顺帝下诏恢复科举取士制度。至正元年（1341），元朝恢复乡试，次年举行会试和殿试。此次恢复科举的举措，史称"至正复科"。此后，科举取士一直持续到至正二十六年（1366），也就是元亡前两年。经济方面，脱脱还主张实行减免天下税粮和盐税以及商业税，减轻民众赋役负担。同时缩减宫内开支，改善政府财政状况等有利于恢复元朝社会发展的政策。这些改革使得元王朝末期的政治面貌焕然一新。

至正四年（1344）五月，脱脱因病辞去相位。但是在脱脱辞相后的几年，元朝再度陷入内乱中，这期间灾害不断，导致百姓揭竿而起，开始反抗元朝的统治。于是，为挽救朝局，至正九年（1349）七月，脱脱再次被起用为中书右丞相。

为缓解国内恶化的经济形势，元朝统治者决定印制新的中统交钞，这种新钞实际上用的是之前的中统交钞加盖"至正交钞"，故又称"至正中统交钞"。但大量印钞，非但没能解决经济危机，反而导致通货膨胀，物价飞涨。

至正十一年（1351），元朝命贾鲁以工部尚书为总治河防使，主导治理黄河之事。为了治理黄河水患，脱脱决定疏通与堵塞并行。但是工程量大，耗费巨大的人力和物力。脱脱不顾群臣反对，至正十一年（1351）四月开工，经过六个月的努力，终于在十一月完成全部工程。但是在治理黄河的过程中，加剧了人民的负担，百姓不堪忍受其苦，刘福通、韩山童借助白莲教、明教等民间信仰，发动反元起义。因为他们头裹红巾做标识，所以他们又被称为"红巾军"。

至正十一年（1351）九月，为了消灭红巾军，脱脱推荐自己的弟弟也先帖木儿为知枢密院事，率军讨伐红巾军。但是也先帖木儿不懂用兵，两军还没有正式交战，他就弃兵而逃。当时朝廷已经出现反对的声音，认为"也先帖木儿丧师辱国，乞明正其罪"。

也先帖木儿是脱脱的弟弟，又是脱脱推荐也先帖木儿领兵出征。出现这种局面，脱脱显得极为被动，为弥补弟弟在战场的过失。同年七月，脱脱便亲率元军出征讨伐，这次征伐十分顺利，脱脱大军击败了徐州的红巾军，顺利凯旋。

至正十四年（1354）九月，脱脱最后一次受命出征高邮，虽然取得一定胜利，但还是被朝野攻讦。至正十四年十二月，监察御史袁赛因不花等上书弹劾脱脱，"脱脱出师三月，没有一点功劳，反而把国家的钱拿来给自己用。而且他的弟弟也先帖木儿是一个庸材，玷污清台，贪淫的本性日益暴露。"顺帝便以脱脱劳民伤财为由，削去脱脱的官爵，将他囚禁起来听候进一步发落。

脱脱作为元朝最后一个贤相，在一定程度上挽救了元朝。但是脱脱死后，元朝再无转机，无可避免地走上了灭亡的道路。

红巾军起义

元朝末年,皇帝荒淫,官吏腐败,社会一片黑暗。白莲教领袖韩山童、刘福通等人看到老百姓生活在水深火热之中,就利用白莲教教义把这些农民组织起来,拉起大旗反抗元朝的统治。

至正十一年(1351),元政府征发十五万民工和两万士兵修治黄河,民工们辛苦劳作,但是元朝政府发给的工钱少得可怜,又被治河官吏层层克扣,民工们无法维持基本生活,怨声载道。

韩山童、刘福通抓住这个机会,决定煽动农民起义。他们凿了一个单眼石人,在石人背上刻了"莫道石人一只眼,此物一出天下反"几个字,埋在即将挖掘的黄岭岗(今山东曹县西南)附近的河道上。民工们挖出石人,惊诧不已,消息传开,大河南北顿时沸腾起来。

韩山童、刘福通看到起义时机已经成熟,便聚集三千多人在颍上(今安徽颍上)杀黑牛白马,宣誓起义。但不幸事情败露,韩山童被捕牺牲。刘福通突围后,正式举起了起义大旗,一举攻占颍州(今安徽阜阳),队伍发展到数十万人。起义军头裹红巾为标志,因此又被叫做红巾军。

刘福通率众起义之后,各地纷纷响应,徐寿辉在蕲水(今湖北浠水)起义,郭子兴在濠州(今安徽凤阳)起义。此外,方国珍在台州黄岩(今浙江黄岩)起兵、张士诚占据高邮(今江苏高邮)。

刘福通率领的红巾军不断在各地击败元军,至正十五年(1355)刘福通建立政权,定国号为宋,建元龙凤,他立韩山童的儿子韩林儿为"小明王"。

至正十七年（1357）刘福通派遣三路大军北伐，西路军攻入陕西、甘肃、宁夏，东路军攻入山东、河北，逼近大都；中路军由山西进入内蒙古，攻克上都（今内蒙古正蓝旗东）、辽阳（今辽宁辽阳）等地，元朝为之震动。刘福通自己率领一支军队进入河南，攻下汴梁（今河南开封），定为都城。

这时，南方起义军也取得了重大战果，徐寿辉所率领的红巾军建立"天完"政权，提出"摧富益贫"的口号，横扫了南方大部分地区。南北红巾军互相配合，起义进入一个新的阶段。

然而这种一片大好的形势没有能够继续保持下去，至正十九年（1359）以后，南北红巾军连续遭到挫折。刘福通三支北伐大军，由于缺乏统一指挥，力量分散，各地农民起义军相继失败。至正十九年（1359）刘福通被迫退出汴梁，逃往安丰（今安徽寿县）。至正二十三年（1363）投降元朝的张士诚趁机偷袭安丰，刘福通顽强抵抗，英勇献身，北方红巾军宣告失败。

与此同时，南方红巾军内部也发生了争权夺利的斗争。至正二十年（1360）陈友谅杀死徐寿辉，自立为帝，建国号为"汉"，改元"大义"。明玉珍心中不服，在四川也宣布称帝，建国号为"夏"，改元"天统"。南方红巾军的分裂，极大地影响了起义军的战斗力。从此，南方红巾军逐步走向衰落。

元顺帝北逃

脱脱死后,元顺帝则彻底放飞了自我,任凭宫内太子一党和左丞相贺惟一相互争权夺利。因为元顺帝不理朝政,宦官朴不花等人趁机联合太子一党把持了朝政。而在外部战场上,察罕帖木儿又借由镇压红巾军起义与扩廓帖木儿争夺中原的所有权,一时间,中原大地上军阀混战,民不聊生。

此时,南方的红巾军则趁机卷土重来,攻陷了大量城池。但元朝因为朝堂的争斗导致忠臣良将大量流失,元顺帝不得不任命扩廓帖木儿为河南王,南下剿灭红巾军。让顺帝没想到的是,这却引发了扩廓帖木儿与李思齐在山东、陕西等地争夺地盘的大混战。他不得不再派皇太子爱猷识理达腊前往讨伐扩廓帖木儿。

在此期间,朱元璋则趁机消灭掉了南方其他的割据势力,并建号"大明",打出了"驱逐胡虏,恢复中华"的旗号,开始了北伐战争。明军一路势如破竹,北方的许多城池纷纷倒戈相向,一直杀到了大都城下。而元顺帝和扩廓帖木儿才握手言和,但此时,明军已然攻破大都。这种情况下,元顺帝只得将逃难提上了日程。

他任命淮王帖木儿不花监国,庆童为中书左丞相,自己则将太庙的牌位一卷,于次日宣布正式移驾上都。虽然有枢密院知事哈刺章、宦官赵伯颜力谏顺帝,让他坚守大都,但顺帝表示自己不愿重蹈宋徽宗和宋钦宗的覆辙,便携皇太子及后宫一行连夜逃到了上都。

八月十五日,就在他们到达上都时,噩耗传来,大都已经沦陷,监国帖木儿不花等人已壮烈殉国,元朝在中原的统治自此告终。

元朝：来自草原的霸主

北元的建立与灭亡

顺帝病死之后，皇太子爱猷识理达腊称帝，改元"宣光"。听说元顺帝已死，皇太子还在应昌的消息，求功心切的李文忠马上向这座城池发动进攻。明军擒杀元军数万，并活捉了北元爱猷识理达腊的皇后、嫔妃、宫女以及他的儿子买的里八剌。爱猷识理达腊最后逃往和林。

明洪武五年（1372），朱元璋怕北元死灰复燃，派徐达、李文忠等人率十五万骑兵准备彻底消灭王保保和爱猷识理达腊。明军初战得胜，但大军行至岭北，遭遇王保保埋伏，大败，死了几万人。次年，王保保复攻雁门，明太祖命诸将严备。由于明朝致力于中原内部的治理，明兵很少再出塞攻伐残余的元军。

面对朝廷大起大落之后，王保保在和林和爱猷识理达腊关系更加密切、和睦，洪武六年（1373），北元军队又杀回长城边上，但是北元军在怀柔被徐达打败。洪武八年（1375），正值壮年的王保保身染疾病而死。洪武十一年（1378），爱猷识理达腊也病死，残余的元朝大臣谥其为"昭宗"，并且拥立其弟弟脱古思帖木儿为帝。

十年后，脱古思帖木儿在捕鱼儿海被明朝大将蓝玉侦知消息，率十万大军前去攻击。此时的北元皇帝再无昔日的威赫声名，在逃往和林的路上，脱古思帖木儿被叛臣也速迭儿缢死。自此以后，蒙古人便自去"大元"的国号，只称为"汗"，开始了在北部草原的统治。

辽金元大事纪年表

388年	契丹和库莫奚相继为北魏拓跋珪所破。契丹自此见于史册。
628年	契丹首领摩会率领各部落归附于唐。唐太宗把旗鼓赐给摩会。
648年	唐在契丹设置松漠都督府,以契丹首领窟哥为松漠都督。
696年	契丹首领李尽忠、孙万荣联合起兵,占据营州反唐。
715年	契丹首领失活率部落归附于唐。
907年	耶律阿保机称汗,取代遥辇氏,正式成为契丹新首领。
910年	七月,耶律阿保机任命敌鲁为北府宰相。
911年	五月,耶律阿保机二弟、三弟、四弟、五弟和惕隐剌葛谋反。
916年	二月,耶律阿保机称帝,号曰天皇帝,妻述律氏号曰地皇后。
	三月,立长子耶律倍为皇太子。
918年	正月,以皇弟安端为大内惕隐,命攻云州及西南诸部。
	二月,在潢河沿岸契丹故地建皇都。
	五月,诏建孔子庙、佛寺、道观。
919年	九月,征乌古部。
	十月,至乌古部,命皇太子耶律倍为先锋,大破乌古部兵。
920年	八月,党项诸部落叛乱,耶律阿保机亲征。
	九月,契丹大字制成,诏颁行之。
921年	五月,以皇弟耶律苏为南府宰相。
922年	十一月,以皇子耶律德光为天下兵马大元帅,攻蓟州以北。

辽金元历史大事纪年表

924年　六月，耶律阿保机、德光率兵西征吐浑、党项、阻卜诸部。

　　　　十月，征服西北诸部。

925年　十二月，举兵亲征渤海国。

926年　正月，占领扶余城，围攻渤海忽汗城，灭渤海。

　　　　二月，改渤海国为东丹，任命皇太子耶律倍为东丹王。

927年　十一月，耶律阿保机次子耶律德光即位，是为辽太宗。

930年　三月，册封李胡为皇太弟兼天下兵马大元帅。

936年　七月，后唐河东节度使石敬瑭反，遣使向德光求援，许割幽云十六州，自称儿皇帝。

938年　石敬瑭割幽云十六州献予辽。

942年　六月，石敬瑭死，兄子石重贵立，向契丹告哀文书称孙不称臣。

946年　十一月，德光率契丹兵南下，石重贵降，后晋亡。

947年　四月，德光北返，死于栾城。东丹王子耶律兀欲于镇阳即位，是为世宗。

949年　六月，萧翰与公主阿不里谋反。萧翰伏诛，阿不里下狱。

951年　九月，兀欲南伐，至新州火神淀被杀。太宗长子述律继位，是为穆宗。

969年　二月，穆宗被近侍所杀。世宗二子耶律贤即位，是为景宗。

982年　九月，景宗死，其子耶律隆绪即位，是为圣宗。

983年　六月，改元统和，复改国号曰大契丹。

1004年　九月，承天太后、圣宗率兵大举南下。

　　　　十二月，辽宋和议。宋以辽承天太后为叔母，每年向辽纳银绢三十万余匹。

1007年　十月，承天太后归政于辽圣宗。

1009年　十二月，承天太后死。

1029年　八月，东京舍利军详稳渤海人大延琳起义，号国为兴辽，年号天庆。

1031年　六月，辽圣宗死，其子耶律宗真即位，是为兴宗。其母元妃自称太后，摄政。

1032年　皇太后诬陷齐天皇后，将其杀害。

1034年　皇太后还政于兴宗。兴宗亲政，迁太后于庆州守陵。

1038年　十月，李元昊称帝，国号夏。

1055年　八月，兴宗死，其子耶律洪基即位，是为道宗。

1063年　七月，皇太叔耶律重元叛乱，重元自杀。

1066年　正月，复改国号为辽。

1101年　正月，辽道宗死，其孙耶律延禧即位，是为天祚帝。

1113年　十月，生女真部节度使乌雅束死，阿骨打袭位，称都勃极烈。

1114年　七月，阿骨打起兵反辽。

　　　　九月，阿骨打进军宁江州，大破之。

　　　　十一月，阿骨打又破辽兵于出河店。

1115年　九月，金军攻破黄龙府。

1116年　正月，渤海高永昌据东京起义，自称大渤海皇帝。

1118年　正月，金派遣使者至辽求册封，辽派遣使者至金求议和。

1119年　三月，辽授阿骨打为东怀国皇帝，金不受。

1120年　五月，辽金议和不成，金太祖攻辽，攻陷上京。

1121年　十二月，金太祖率兵，大举伐辽。

1122年　正月，金军攻陷辽中京，天祚帝逃亡西京。

　　　　三月，辽天祚帝入夹山。耶律淳被耶律大石立为天锡皇帝，改元天福。

　　　　六月，耶律淳死，其妻萧氏为皇太后称制。

1123年　八月，金太祖阿骨打死。

　　　　九月，阿骨打弟吴乞即位，是为金太宗，改元天会。

1124年　辽耶律大石率兵西走，自立为王，建西辽。

1125年　二月，辽天祚帝被金将完颜娄室所获，辽亡。

1127年　四月，金军北撤，携去徽、钦二宗，北宋灭亡。

	五月，宋康王赵构在南京即位，是为宋高宗，史称南宋。
1135年	正月，金太宗吴乞买死，完颜亶即位，是为熙宗。
1141年	十一月，宋、金和议成。划定以淮水为界，西起大散关，东至淮水中流。宋仍向金称臣纳币。
1143年	四月，蒙古反金。
1149年	十二月，完颜亮杀熙宗嗣立，改元天德。
1150年	四月，海陵王完颜亮镇压女真贵族，杀宗室及大臣。
1153年	三月，海陵王改元贞元，至燕京，改燕京为中都。
1161年	九月，海陵王率兵，大举侵宋。
	十月，东京留守完颜雍在辽阳即位，改元大定，是为世宗。
1189年	正月，金世宗完颜雍死，完颜璟即位，是为章宗。
1206年	铁木真统一蒙古，称成吉思汗。
1208年	三月，宋、金议和成。
	十一月，金章宗完颜璟死，完颜允济即位，是为卫绍王。
1211年	二月，蒙古成吉思汗自克鲁伦河发兵侵金。
1212年	七月，耶律留哥于隆安叛金。
	十二月，蒙古军攻克东京。
1213年	春，耶律留哥自立为辽王，年号天统。
	七月，金卫绍王被杀。
	九月，完颜珣即位，是为宣宗，改元贞祐。
	十月，蒙古军进逼中都。
1214年	五月，金宣宗迁都南京（汴京）。
	七月，蒙古军再围中都。
1215年	二月，蒙古军下金北京。
	五月，蒙古军破金中都。
	七月，蒙古军袭金南京，败退。

1219年	六月,蒙古成吉思汗率兵西征。
1222年	三月,蒙古成吉思汗在阿姆河营帐回见全真教道长丘处机。
1223年	十二月,金宣宗死,完颜守绪即位,是为哀宗。
1227年	七月,成吉思汗病死,后被追尊为元太祖。
1228年	是年,金军在陕西大昌原胜蒙古军。
1229年	八月,蒙古推窝阔台为大汗,是为太宗。
1232年	正月,蒙古军与金军战于钧州三峰山,金军大败。金哀宗逃离南京奔归德(今河南商丘南)。
1233年	正月,金将领崔立发动政变,投降蒙古。蒙古军占领南京。六月,金哀宗逃至蔡州(今河南汝南)。
1234年	正月,金哀宗在蔡州自杀,金亡。
1238年	二月,蒙古军攻陷兀拉基米尔城,抢掠后屠城。夏,宋军收复襄、樊等地。
1241年	四月,蒙古军攻克波兰累格尼察城。进而向马扎儿进军,直到达尔马提亚的海滨。十一月,窝阔台死,乃马真皇后执政。
1246年	七月,蒙古贵族推窝阔台长子贵由为汗,是为定宗。
1248年	三月,贵由汗死。海迷失皇后听政。
1251年	六月,蒙古贵族推拖雷长子蒙哥为大汗,是为宪宗。
1258年	四月,蒙哥汗分路大举攻宋,亲率大军入蜀。
1259年	七月,蒙哥汗攻合州,死于军中。
1260年	三月,忽必烈即位,是为世祖。五月,定年号中统。
1264年	八月,定都燕京,改称中都,改元至元。
1271年	十一月,采用刘秉忠建议,取《易》"大哉乾元"之意,改国号为大元。
1272年	二月,改中都为大都(今北京),定为都城。

1276年　正月，元军至宋都临安城北。

二月，宋恭帝赵㬎投降，南宋灭亡。

五月，宋朝益王赵昰在福州即位，是为端宗。

1277年　四月，宋将文天祥率兵自梅州进入江西，收复吉、赣诸县。张德兴等人起兵抗元，收复黄州。

1278年　四月，宋端宗死，陆秀夫等人拥立广王赵昺为帝。

十二月，宋将文天祥被捕于广东海丰五坡岭。

1279年　二月，宋将陆秀夫携幼帝投海死。

三月，郭守敬进所造司天浑仪等天文仪器。

十月，宋将文天祥被押送至大都。

1280年　十一月，颁行郭守敬所订《授时历》。

1281年　正月，任命范文虎率兵攻打日本。

八月，攻日诸将弃船而逃。

1282年　十二月，宋将文天祥被杀。

1283年　正月，命阿塔海率军再次攻打日本。

1292年　春，意大利人马可·波罗离开中国，从海道西还。

1294年　正月，元世祖忽必烈死。

四月，铁穆耳即位，是为成宗。

1295年　黄道婆回故乡松江乌泥泾，传授黎族棉花纺织术。

1307年　正月，元成宗铁穆耳死。

五月，海山即位，是为武宗。

六月，元武宗立弟爱育黎拔力八达为皇太弟。

1311年　正月，元武宗海山死。

三月，皇太弟爱育黎拔力八达即位，是为仁宗。

1320年　正月，元仁宗爱育黎拔力八达死。皇太后任铁木迭儿为右丞相。

三月，皇太子硕德八剌即位，是为英宗。

1323年	八月，发生南坡之变，英宗南坡被杀。
1328年	七月，元泰定帝病死。
	九月，怀王图帖睦尔即位，是为文宗，改元天历。
	九月，丞相倒刺沙在上都立皇太子阿速吉八即位，改元天顺。
	十月，大都军围攻上都，倒刺沙投降，天顺帝死。
1329年	正月，周王和世㻋即位，是为明宗。
	四月，立怀王图帖睦尔为皇太子。
	八月，皇太子与燕铁木儿毒杀明宗。皇太子即位，是为文宗。
1332年	八月，元文宗图帖睦尔在上都病死。
	十月，皇后卜答失里奉遗诏，立次子懿璘质班为帝，是为宁宗。宁宗即位不满两月，病死。
1333年	六月，明宗长子妥懽帖木儿被立为帝，是为顺帝。
1335年	六月，伯颜杀唐其势。
	七月，伯颜杀卜答失里。伯颜掌权。
	十一月，诏罢科举，改用世祖年号（后）至元。
1340年	十二月，诏复行科举取士制。
1343年	三月，诏修辽、金、宋三史，以中书右丞相脱脱为都总裁官。
1345年	十月，辽、金、宋三史成书。
1351年	五月，韩山童、刘福通利用宗教组织农民起义，称为"红巾军"。
	八月，徐寿辉、邹普胜等西系红巾军起义。
1365年	元朝内战计划，皇太子下令讨伐孛罗帖木儿。
1368年	八月，明军攻占大都，元朝灭亡。